税收筹划基础与风险防范研究

陈美丽　岳可强　李海英◎著

中国纺织出版社有限公司

内 容 提 要

税收筹划是纳税人的权利，也是纳税人面对税收政策和环境做出的反应，体现了税收的调节作用。本书共七章，分别阐述了税收理论概述、主要税种分类、税收筹划的基础知识、税收筹划的思想、税收筹划的理论透视、税收筹划风险的管理与防范、税收筹划风险防范实践研究。本书理论与实践结合，涵盖了税收筹划的要点，无论是对专业的税务从业人员还是对想了解税收筹划的个人都有很强的应用价值。

图书在版编目（CIP）数据

税收筹划基础与风险防范研究 / 陈美丽，岳可强，李海英著. --北京：中国纺织出版社有限公司，2023.8

ISBN 978-7-5229-0899-1

Ⅰ. ①税… Ⅱ. ①陈…②岳…③李… Ⅲ. ①税收筹划－风险管理－研究－中国 Ⅳ. ①F812.423

中国国家版本馆CIP数据核字（2023）第163290号

责任编辑：段子君　　责任校对：高　涵　　责任印制：储志伟

中国纺织出版社有限公司出版发行
地址：北京市朝阳区百子湾东里 A407 号楼　邮政编码：100124
销售电话：010—67004422　传真：010—87155801
http://www.c-textilep.com
中国纺织出版社天猫旗舰店
官方微博 http://weibo.com/2119887771
天津千鹤文化传播有限公司印刷　各地新华书店经销
2023 年 8 月第 1 版第 1 次印刷
开本：710×1000　1/16　印张：12
字数：150 千字　定价：99.00 元

前言

近年来，“税收筹划”一词已经被越来越多的人认识和接受，税收筹划的实际活动也在不断深入人们的社会经济活动中。税收筹划已经成为会计学、企业管理、税收学、财务管理以及资金管理等专业的必修课。与此同时，社会上的一些财税咨询机构、税务师事务所从纳税人的角度出发，将税收筹划业务纳入企业的日常管理活动，在为纳税人提供税收筹划方案的同时，也使税收筹划的作用逐渐显现出来，其中最为突出的一点就是：通过合理的税收筹划来科学规划自己经济活动的纳税人越多，采取偷税、漏税、抗税这些违法方式来逃税的人就越少。在我国，税收筹划是一门新兴学科，对于税收筹划的研究还有待深入，为此特撰写本书，以期为新时期税收筹划的基础理论和风险防范做出有益探索。

本书共七章。第一章为税收理论概述，包括税收的概念及起源、税收的特征及职能、税收的经济效应。第二章为主要税种分类，包括流转税类、所得税类、财产税类、行为税和其他特定目的税、资源环境税类。第三章为税收筹划的基础知识，内容包括税收筹划的历史溯源、内涵及特点、动因及目标、类型及原则。第四章为税收筹划的思想，包括税收筹划的战略思想、风险思想、管理思想、设计思想。第五章为税收筹划的理论透视，主要从税收筹划的基本原理、方法解读、技术分析、一般流程等角度进行了研究。第六章和第七章阐述了税收筹划风险的相关知识。第六章为税收筹划风险的管理与防范，内容包括税收筹划风险概述、表现、管理和防范措施。第七章为税收筹划风险防范实践研究，论述了中小企业税收筹划风险与防范、集团企业税收筹划风险与防范、互联网时代企业税收筹划风险与防范、高新技术企业税收筹划的风险与防范、物流企业税收筹划风险与防范。

本书具有以下几个特点：一是语言通俗易懂，便于阅读；二是理论与实践相结合，具有较强的指导性和可操作性；三是内容较为全面，涵盖了税收筹划的要点。

在本书的撰写过程中，作者参考和借鉴了大量国内外相关专著、论文等理论研究成果，受益匪浅，在此对这些专家学者一并表示感谢。本书撰写虽力求完美，仍有不足之处，望各位专家学者批评指正，并提出宝贵意见。

作者

2023 年 2 月

目录

第一章
税收理论概述

第一节　税收的概念及起源

一、税收的概念

税收是一个人们十分熟悉的名词，在历史上也称赋税、租税或捐税等。它是国家为向社会提供公共产品，凭借政治权力，按照法定标准，强制地、无偿地参与国民收入分配而取得财政收入的一种分配方式，也是国家用以控制和调节经济的重要工具。

对税收概念的内涵与外延，可从以下四个方面理解。

（一）税收是国家取得财政收入的一种方式

最简单、最直观地看，税收首先是国家取得财政收入的一种方式。从纵向角度看，历史上不同社会制度的国家为取得财政收入曾采用多种方式，但其中都包括税收这种方式。

从横向角度看，在现代经济社会，国家财政收入除税收以外，还有债、费等多种形式，虽然不同国家税收收入占财政收入的比重有所不同，但绝大多数国家都把税收作为组织财政收入的主要手段。

（二）国家征税的目的是为社会提供公共物品

税收作为一种分配形式，从本质上说是以满足社会公共需要为基本目的。公共需要作为一种社会的客观需要，表现为公共物品和服务。这类公共物品具有非排他性和非竞争性的特点，由此决定了社会成员不可能通过市场交换的方式来取得公共物品，也决定了满足公共物品需求的分配必须由履行社会公共职能的国家来执行。国家征税，取得财政收入不是目的，而是一种手段，其目的是为社会提供公共物品。国家在提供公共物品和服务的过程中要有相应的人力和物力消耗，形成一定的支出。对这类支出的补偿正是国家征税的目的所在。

（三）国家征税的依据是政治权力

国家取得任何一种财政收入，总要凭借某种权力。而国家权力归根结底不外乎两种，即财产权利和政治权力。国家要取得财政收入，所依据的不是财产权利就是政治权力，两者必居其一，例如：奴隶制国家的王室土地收入凭借的是国家对土地的所有权；封建制国家的官产收入凭借的是国家对生产资料的所有权；社会主义国家的国有企业上缴利润收入也是凭借国家对生产资料的所有权。这些收入依据的都是国家的财产权力。税收则不同，它依据的是国家的政治权力。也就是说，国家征税带有政治强制性，这种政治权力是通过法律来执行的。因为征税使一部分属于私人所有的社会产品转变为国家所有，必然会引起国家与纳税人的利益冲突。国家只有运用法律的权威性，才能把税收秩序有效地建立起来；也只有通过法律形式，才能保证及时、足额地取得税收，并使国家在税收上的意图得到贯彻执行。

（四）税收是国家调节经济的重要工具

税收作为一种财政分配形式，就其与生产的关系来说，一方面要受生产的决定和制约，另一方面又会影响生产。分配并不仅是生产和交换的产物，它反过来又同样地影响生产和交换。税收能够影响和调节经济，首先，国家可以运用税收政策调节社会的需求总量，实现社会经济的稳定。例如，在经济萧条时期，国家可以采用减税的方法刺激投资和消费，刺激经济增长。其次，国家可以通过税收收入结构的变化影响社会经济结构的变化。例如，在市场经济条件下，国家可以采用轻税或重税政策，鼓励或限制某一产业或行业的发展，从而改变产业结构。

二、税收的产生和发展

税收是人类社会发展到一定历史阶段的产物。也就是说，税收这种分配方式并不是自人类社会产生以来就有的，而是国家出现以后的产物，并随着国家的发展而发展。税收产生后，经历了几千年的发展，经历了几种不同性质的社会，逐渐完成由简单到复杂、由低级到高级的演变。

（一）税收的产生

税收并不是突然出现的，而是社会经济发展到一定阶段的产物。

1. 税收产生的前提条件

税收的产生主要取决于政治和经济这两个相互影响、互为制约的因素，即税收的产生既需具备一定的政治条件，也需具备一定的经济条件。

（1）税收产生的政治条件。原始社会末期，随着社会生产力的不断发展和剩余产品的出现，原始社会的氏族经济逐渐解体，并产生了私有财产制度。人类社会出现了两个阶级——奴隶阶级和奴隶主阶级。物质资料生产的发展、家庭私有制的出现和奴隶阶级的形成是国家产生的前提。国家为了维持其存在和执行职能的物质资料消费的需要，就必须参与社会产品的分配并占有一部分社会产品，这样便出现了依靠国家政治权力参与社会产品分配的形式——税收。由此可见，国家的产生、公共权力的建立是税收产生的政治条件。

（2）税收产生的经济条件。在原始公社制度下，社会生产力低下，氏族部落成员共同劳动，共同占有劳动成果，平均分配产品，以维护生存的需要，几乎没有剩余。到了原始公社后期，由于生产力的发展，人们共同劳动所获得的劳动成果，除满足自身需要以外，开始有了剩余。随着社会剩余产品的出现，社会分工和商品交换也开始产生，氏族部落内部出现了私人占有劳动成果的现象，此时原始公社的共产制经济开始逐渐转变为私有制经济。这时，国家要占有和支配一部分社会产品，只能用强制的、无偿的手段取得。从这个意义上说，征税就是国家对私有财产的一种“支配”。氏族部落酋长之所以能利用手中的权力使社会产品由公有变为私人占有，是因为社会生产力的发展使剩余产品出现，而国家又需要运用税收方式对私有财产行使支配权。由此可见，剩余产品和私有财产制度的出现是税收产生的经济条件。

综上所述，税收是社会生产力和生产关系发展到一定阶段的产物。它是在人类社会生产力发展到能为社会提供剩余产品，产生私有制并进一步形成阶级、国家后产生的。国家为了其存在和执行职能的需要，必须运用其政治权力参与社会产品的分配，取得它所需要的物质资料。这种为了国家的需要，由国家直接参与的分配从社会产品分配中产生并逐渐独立出来的过程，就是税收产生的过程。

2. 我国税收产生的历史过程

我国税收的产生，经历了一个由不完全形态到完全形态的历史演变过程。据史料记载，我国自夏朝开始进入奴隶制社会，就具备了产生税收的政治条件和经济条件。夏朝用贡赋形式向臣民进行征收，这是我国古代最早的赋税形态，并且已具备强制性、无偿性等赋税的一般特征。

（1）税收的雏形阶段。据史书记载，我国在奴隶社会曾实行过贡、助、彻的制度。《孟子·滕文公上》说："夏后氏五十而贡、殷人七十而助、周人百亩而彻，其实皆什一也。"其中，贡是耕种王室或贵族土地的平民向王室或贵族献纳农作物；助是借助农户耕种公田的力役课征；彻是按耕种地收获物的数量进行课征。总之，贡法、助法、彻法都是对土地的较为原始、简单的课征形式，是一种不完全形态的税收。税收这段尚未成熟的发展过程，称为税收的雏形阶段。

（2）农业赋税——初税亩。由于社会生产力的发展，到了春秋时期，铁制农用工具广泛使用，开垦私田现象十分普遍，而私田里的农作物不纳税，这就造成奴隶制国家难以维持日益庞大的财政支出，严重地冲击了奴隶制国家的经济基础。于是，当时主要诸侯国之一的鲁国，在公元前594年，率先实行了"初税亩"，即不论公田、私田，一律按亩纳税。这样，税收课征制度由不完全形态过渡到了完全形态。它以土地私有制为基础，土地所有者只要依法纳税，税后的全部农作物均归自己支配，并且土地可以自由买卖和出租，地租随之变成合法形式。

（3）商业和手工业税收。西周后期，由于农业和手工业产品的交换活动日益增多，除官营的商业和手工业之外，还出现了私营的家庭手工业作坊。奴隶制国家为了满足日益增加的财政开支的需要，开始对参加商品交换的物品征税，其内容主要包括关市税和山泽税两种。关市税中的关税是对经过关卡的货物征税，市税是对上市交易的商品征税。山泽税是对山林、园池水泽的各类产出所征的税。这些税可以看做是我国最早出现的工商税收。

（二）税收的发展

税收产生以后，随着社会的发展，也经历了从简单到复杂、从原始形式到现代形式的不同发展阶段。

1. 奴隶制社会的税收

奴隶制社会生产关系的特点是，奴隶主既是土地的私有者又是国家权力最高的主宰者，奴隶劳动的成果及奴隶本身均是奴隶主阶级的私有财产。因而在奴隶社会，国家财政收支同国王私人的收支是不分开的。国家财政收入主要是依靠拥有土地所有权而获得的“地租”性质的收入、直接占有奴隶的劳动成果、降服国的贡纳等，而税收收入在奴隶制国家财政收入中仅占次要地位。

奴隶制社会的税收具有以下特点。

（1）地租与赋税混淆不清。奴隶制社会的土地分封制和王田制是贡、助、彻的经济基础，国王利用政治权力和土地所有权，向使用土地的臣民收取土地上的收获物，可以称为“地租”，也可以称为“赋税”。

（2）采用最古老最原始的直接税。奴隶社会由于商品经济不够发达，国家的课税办法也极其简单，一般都是以课税对象的外部特征为标志直接课征，如对土地课征的土地税，以人为课税对象的人头税等。这样就不可能使税负公平合理。

（3）纳税形式较为低级。虽然我国是世界上最早使用货币的国家之一，但由于奴隶制社会商品经济很不发达，各种赋税基本上采取实物形式课征，有的还采取力役形式。如商朝的“助”法，就是把土地划分为井字形方块，中央一块土地为公田，周围八块土地为私田，耕作私田的八户人家必须先出劳力耕好公田，而后才能耕种私田，这就是一种力役课征形式。

2. 封建制国家的税收

封建社会生产关系的基础是封建统治者占有生产资料（土地）和不完全占有劳动生产者。封建社会的经济特征是自给自足的自然经济，农民被束缚在小块田地上，生产的农业收获物和自制手工业品除少量供自身及家庭生存的需要外，大部分被封建统治者占有。封建制国家税收与奴隶制国家税收相比，也具有新的特点。

（1）对土地的课税逐渐成为国家财政收入的主要来源之一。由于封建社会的田赋是建立在封建土地所有制和农民依附土地的基础之上，它逐渐成为封建国家最重要的税收。田赋的课征对象是土地，但税收负担的实际承受者是佃农，因为地主本身不从事生产劳动，他们所缴纳的田赋实质上是佃农提供的地租的一部分。田赋是农民剩余劳动价值的转化形态，即所谓“税出于租”。

（2）随着商品经济的发展，工商业税收等间接税日益增多。封建制社会早期，就曾出现过关市之征、山泽之征、布缕之征，以后又逐渐增加盐铁茶酒之征，名目日渐繁多，税负日益加重；到了宋代，工商业税收已成为国家财政收入的又一重要来源，规模仅次于田赋；到清代乾隆、嘉庆年间，中央财政收入的十分之一左右来自工商业税收。封建制社会工商税收的不断增加反映了商品经济的不断发展。

（3）纳税形式由实物交纳逐渐向货币交纳转化。税收的实物交纳是以自然经济为前提条件的，主要交纳的是农副产品和部分家庭手工艺品。随着封建社会商品经济的不断发展，纳税形式也逐渐演变，由实物形式过渡到货币形式。在商品经济发达的地方，货币税甚至取代了实物税，成为纳税的主要形式。

3. 资本主义国家税收

同封建社会相比，资本主义社会的生产力有了极大的发展，生产关系也随之发生了重大变化。在生产力方面，机器作业取代了手工作坊，社会化大生产方式取代了自给自足的小生产方式。在生产关系方面，生产资料归资本家所有，劳动者摆脱了对土地所有者的人身依附关系，可以自主地支配自己的劳动力。与此同时，商品经济得到充分发展，整个社会财富表现为庞大的商品堆积，对外经贸往来日益发达。与这种生产方式相适应，资本主义国家的税收也发生了重大变化。

资本主义国家的税收制度主要经历了两个发展阶段。

第一，自由资本主义时期的税制。在资本主义发展初期，古老的直接税逐渐被取消，建立和发展了以商品为课税对象的间接税制度。这是因为商品课税税源广阔，且易于转嫁，税收负担者主要是消费者，既有利于减轻资产阶级的税收负担，促进资本主义工商业发展，又有利于保证国家财政收入。因此在18世纪前后，间接税制度已在资本主义各国得到广泛的推行。

第二，垄断资本主义时期的税制。随着自由资本主义向垄断资本主义的过渡，社会财富两极分化日趋严重，要求对富有的资产阶级开征高额累进的所得税和财产税，以解决社会分配不公的改良主张盛行。同时，长期实行的间接税由于多环节、全额课征，也阻碍了商品生产和商品流通的进一步发展，影响了国际市场的开拓。因此，许多资本主义国家又逐渐确立了以现代直接税为主体税种的税收制度。

资本主义国家的税收具有以下特点。

第一，税收征纳形式已完全货币化。由于资本主义社会是高度商品化的社会，所以税收已实现了完全的货币化，并且税收与成本、利润、价格、银行信用等范畴之间的相互结合和相互渗透日益加强。

第二，以所得税和商品税为基础。在大多数资本主义国家里，以所得税为主体税种，所得税税额在税收总额中占有很大比重，但商品课税也并没有放弃，所占比重仅次于所得税。在资本主义国家的税收制度的演变过程中，先以商品税为主，而后才逐渐转变为以所得税为主。所以，资本主义国家的税收制度是以所得税和商品税为基础确立起来的。

第三，税收制度的法制化。资本主义制度确立以后，废除了封建专制制度，实行了资产阶级民主制。在资产阶级民主制度之下，国家征税均须由议会制定相关税法，再依法课征，国家元首或君主不能擅自决定征税。这与封建社会的专制课税相比是巨大的进步。

第四，税收被作为经济杠杆加以运用。税收具有灵活性和敏感性，长期以来被资本主义国家视为调节经济的“内在稳定器”。特别是第二次世界大战后，各主要资本主义国家经济危机频繁发生，通货膨胀不断加剧，资本主义国家政府常常运用税收作为抵制经济危机和通货膨胀的手段。在经济危机时期，为了刺激经济，实行减税政策，以增加社会需求；在通货膨胀时期，增加税收，以减少社会需求，使税收成为政府有效地执行经济政策的工具。

4. 社会主义国家税收

中国作为社会主义国家的代表，随着经济制度和国家战略的不断改革和完善，中国税收制度也随之不断优化，逐步形成了一套更加科学、完善的复合税收制度。

（三）税收的演变

纵观税收的发展历史，可以归纳出税收名称、征收形式、法制、结构、地位的演变。

1. 税收名称的发展变化

从名称上看，税收经历了由非税名称向税的名称演变的过程。由于生产方式与社会经济形态的不同，历史上各国家曾采用过多种形式课税，税收也曾有过多种名称。在自然经济为主的社会，更多地采用非税名称，例如我国的贡、赋、租、捐等。但随着商品经济的发展与完善，非税名称逐渐与税的名称结合运用，如赋税、租税、捐税，并向单纯的税收名称转化，如增值税、企业所得税等。

2. 税收征收形式的发展变化

从征收形式看，税收经历了由实物征收向货币征收的演变过程。在自然经济条件下的奴隶制社会和封建社会，货币和信用体系还不发达，税收的征收形式主要采用实物形式和力役形式，随着商品经济的发展，货币和信用体系已经深入社会经济生活的各个方面。与之相适应，税收的征收形式也逐渐由实物、力役征收过渡到货币征收。

3. 税收法制的发展变化

从法制建设的程度看，税收经历了由专制征收向法制征收的演变过程。在奴隶社会和封建社会初期，税收制度并不完善，税收收入在很大程度上是由国家行使征税权同贡纳者的自由贡献相结合而实现的。在封建国家中央集权制度确立后，税收征收体现为专制课征。随着商品经济的发展，废除了封建专制制度，建立起较为健全的税收法律制度，国家征税的法制化程度大大加强。

4. 税制结构的发展变化

从税制结构看，税收经历了由古老直接税向间接税，再向现代直接税的演变过程。在自然经济条件下的奴隶社会和封建社会，商品经济还不发达，只能实行直接对人或物征收的人头税、土地税。在资本主义社会，由于商品经济的发展，对商品课征的销售税、消费税等间接税取代了古老直接税，从而上升为主要税收。随着现代经济的发展，税制结构又由商品课税为主向所得课税为主转变，并正进一步向构建现代直接税和现代间接税并存的税制体系发展。

5. 税收地位的发展变化

从税收作用看，税收经历了一个由单纯财政收入形式向重要经济调节工具的演变过程。虽然税收分配本身具有调节经济的功能，但在自然经济条件下，税收对经济的影响力比较小。在商品经济发展前期的自由竞争阶段，人们注重用价值规律这只无形的手来调节和影响社会经济运行。随着商品经济进一步向垄断竞争的发展，市场在资源配置、收入分配及经济稳定方面的缺陷和矛盾日益突出，市场调节的局限性日益暴露，政府开始重视自觉运用财政政策，包括税收等手段来调节经济，这使税收在经济运行中的地位日益重要。

第二节　税收的特征及职能

一、税收的特征

税收的特征，是指税收这种财政收入形式区别于其他财政收入形式的基本标志，是税收本身所固有的表象特征。具体而言，是指税收的强制性、无偿性和固定性。

（一）税收的强制性

税收的强制性，是指税收依靠国家权力的强制征收而取得，国家以法律形式来确定政府作为征税者和社会成员作为纳税人之间的权利和义务关系。任何组织和个人都必须依法履行纳税义务，否则就会受到法律的制裁。不论何种社会，税收之所以成为财政收入的强有力的形式，就在于它有法律保证。税收的这种强制性与公债收入、规费收入、公有财产收入等其他财政收入形式有明显的区别。

税收之所以具有强制性，是由税收作为补偿公共物品价值的这一分配性质所决定的。由于政府提供的公共物品具有非排他性、非竞争性的特点，因此社会成员在消费公共物品时是不会自愿付费的，政府只有通过强制征税的方式才能使公共物品的价值得以补偿。

（二）税收的无偿性

税收的无偿性，是指国家征税后，既不需要偿还，也不需要向纳税人付出任何报酬。税收的无偿性是就政府与具体纳税人之间关系而言的，二者权利和义务关系是不对等的。政府向纳税人征税，不是以具体提供公共物品和公共服务为依据；而纳税人向政府纳税，也不是以具体分享公共物品和公共服务利益为前提。就税收的这种无偿性而论，税收和其他财政收入形式是明显不同的。例如：国家以发行公债的形式取得债务收入这一过程中，国家是作为债务人对债券持有者具有直接的偿还义务，即公债收入是有偿的，必须按期还本付息。规费收入也体现一种有偿性，它是以国家机关为居民提供某种服务为前提的。

税收的无偿性是由财政的无偿分配所决定的。国家财政支出体现着国家在实现其公共职能过程中所耗费的物质资财，财政支出是无偿分配的，因此国家凭借政治权力取得用于这种支出的财政收入——税收，也只能是无偿的。

（三）税收的固定性

税收的固定性，是指国家通过法律形式，预先规定征税的对象以及征收的比例或数额，并按预先确定的标准征税。税法一经公布实施，征纳双方都必须严格遵守。纳税人必须依法纳税，不得偷漏和拖欠。税务机关也必须依法征税，不得随意降低或提高征收标准。税收的固定性，既有利于纳税人生产经营活动的正常开展，也有利于国家财政收入的稳定。同时，对征纳双方的法律约束也符合市场经济发展的要求。

应该指出的是，税收的固定性并不意味课税对象和征收比例永远固定不变。事实上，随着社会经济的发展变化以及国家经济政策的改革和调整，税收的课税对象和征收比例是不断变化的，但课税对象和征收比例的调整变化是要通过法律形式事先规定的，而且在一定时期内要求相对稳定。因此，税收的固定性特征是相对的。

上述税收的三个形式特征是税收的一般特征，是任何社会制度下税收所共有的特征，同时，这三个特征是税收区别于其他财政收入的基本标志，也是鉴别一种财政收入是不是税收的基本尺度。因此判断一种财政收入是不是税收，不能看它的名称，也不能用其他标准，只能看它是否同时具备这三个特征。同时具备这三个特征的才是税收，否则就不能算作税收。

二、税收的职能

税收职能是指由税收本质所决定，内在于税收分配过程中的职责与功能。税收职责是指税收在社会再生产中所承担的根本任务，表明税收应该做什么的问题。税收功能是指税收完成其根本任务的能力，表明税收能够做什么的问题。两者的结合构成了税收的职能。

税收职能可以从两个方面考察：一是税收作为政府提供公共物品，满足社会公共需要的价值补偿所具有的功能；二是税收作为政府履行职责的政策工具所具有的功能。具体可分为筹集资金职能、资源配置职能、收入分配职能和宏观调控职能。

（一）筹集资金职能

税收的筹集资金职能，是税收所具有的从社会成员处强制性地取得一部分收入，用以满足国家为履行公共事务职能、提供公共物品或服务所需物质的功能。

1. 税收筹资的特点

在现代经济社会，国家筹集财政资金的手段除税收外，还有公债、利润上缴、专项基金、规费等多种形式。但和其他形式的财政收入相比，只有税收收入能够为政府提供持续、足额、稳定的财政资金。现代国家之所以越来越依赖于税收方式筹集收入，税收收入占财政收入的比重越来越大，是与税收收入的特点密不可分的。与其他财政收入形式相比，税收筹集收入有以下特点。

（1）来源的广泛性。从社会再生产各环节看，国家既可以在生产领域征税，又可以在流通领域、分配领域、消费领域征税。从产业构成看，国家既可以对农业、工业等第一、第二产业部门征税，也可以对商业、服务业等第三产业部门征税，所有产业部门均可划定在国家的征税范围之内。从课税对象看，国家既可以选择对商品劳务征税，也可以选择对所得额征税，还可以选择对各种资源、财产、行为征税。由此可见，税收深入社会经济生活的各个角落，保证了财政收入拥有广泛普遍的来源，这是其他任何一种财政收入形式所不及的。

（2）形成的稳定性。首先，由于税收来源广泛，不确定因素对税收影响较小。其次，税收是凭借国家的政治权力依法征收的，因而不受财产权利的限制。任何人只要发生了应税收入、所得、财产、行为就必须依法纳税，税款归国家所有，不再直接返还给纳税人，这就使税收收入建立在稳定、可靠的基础之上。

（3）获得的连续性。税收由不同的经济组织和个人直接缴纳，但最终来源于国民收入。只要社会再生产连续不断地进行，国民经济正常运行，国民收入被源源不断地创造出来，政府就能持续地获得税收收入。

2. 税收筹资的规模

税收在筹集财政收入方面发挥着重要作用，是国家财政收入的最主要来源。为了更好地履行政府职能，满足国家行使公共事务职能的物质需要，必须保证一定的税收收入规模。

但是，税收收入规模究竟有多大，并不是由政府主观意愿所决定的，而是由政府为社会提供公共物品的需求和政府取得收入的可能两方面因素共同决定的。

第一，税收收入规模取决于政府为社会提供公共物品的财力需求。公共物品又分为纯公共物品和准公共物品两类。纯公共物品是同时具备非竞争性和非排他性的产品和服务，比如国防、司法、行政管理等。纯公共物品一般情况下无法由市场提供，而只能由政府提供，因此，满足纯公共物品的社会需求是政府税收收入规模的最低需求。准公共物品是不完全具备非竞争性和非排他性，或只具备两个特征之一的产品和服务，比如医疗、教育、交通等。准公共物品可以由市场提供，也可以由政府提供，选择哪一种提供方式主要取决于对效率、公平等多种因素的考虑。如果准公共物品由政府提供比市场提供效率更高，或更有利于公平，那么，税收收入规模就要考虑政府提供准公共物品的需求。

第二，税收收入规模还取决于政府取得收入的可能。税收收入的增长是受一定条件制约的。从客观条件看，税收收入的多少是由经济发展水平决定的，经济发展的规模和增长速度以及经济效益的水平决定了税收收入的规模和增长速度。从主观条件看，税收收入的增长还受到政府税收政策实施、税收制度建设状况以及税务征收管理水平的制约。只有建立完善公平的税收制度、科学高效的征收管理体系，才能够保证税收收入的有效增长。

3. 税收筹资的实现

要顺利实现税收筹集财政收入的职能，除了要正确处理税收收入增长与经济发展的关系，通过发展生产和提高效益来促进税收收入增长之外，还应从以下三个方面着手。

（1）适应市场经济发展的需要，不断调整课税范围。随着我国社会主义市场经济体制的建立与发展，客观上要求税收适应国民收入分配格局的变化，适应生产要素全面进入市场的状况，不断调整税收对经济生活的覆盖面，调整税收发挥作用的领域。

（2）加强税收立法，完善和健全税收制度。健全完善的税收法规和税收制度是发挥税收筹集收入功能的基本保证。如果税法不统一、税制不完善，就会造成企业之间税收负担的不合理，市场竞争的不公平，从而限制税收组织收入功能的发挥。同时，如果税收法制不健全，也会影响税法执行的刚性和严肃性，税收在组织收入的过程中极易受到方方面面的干扰。因此，要逐步加强我国的税收立法，完善税收制度，确保税收筹集收入功能的实现。

（3）加强税收征管，为税收筹集收入功能提供管理保证。要发挥税收组织收入的作用，还必须加强税收征管工作，建立科学严密的税收征管体系，切实做到以法治税，应收尽收。

（二）资源配置职能

税收的资源配置职能，是税收所具有的，通过一定的税收政策、制度，影响个人、企业经济活动，从而使社会经济资源得以重新组合、安排的功能。

在社会主义市场经济条件下，社会资源配置主要是通过市场而不是通过政府来实现的。但是市场的资源配置作用也不是万能的，它存在着自身无法弥补的缺陷。首先，市场利益主体的局限性，使市场调节具有一定的盲目性。市场主体是受利益驱动的，其行为的出发点是微观利益，而不是社会利益。因此，对社会宏观需求，即不具有排他性和竞争性的公共物品和服务，市场调节是失效的，不可能通过市场竞争来提供满足社会公共需求的物品和服务，如社会所必需的行政管理、国防和电力、供水、道路、交通设施等。其次，市场信号对生产调节具有局限性和滞后性。商品的暂时脱销和积压、投机者的抛售行为和抢购都会传递给市场不准确、不全面甚至是错误的信息。市场中的生产经营者根据价格信号去调节行为，而市场价格是根据业已形成的供求关系产生的。对正在形成和变化的供求关系，市场价格是无法反映的，从而会引起调节的滞后性。因此就要求有一种兼顾微观主体利益和社会需要的配置手段，这种手段能够在保证满足市场主体对资源配置基本要求的基础上实现资源配置的最大社会效益，税收就是这样一种手段。税收作为政府调节经济的杠杆，可以在资源有限和多种资源需求的矛盾中寻求一种使社会产出最大或社会效益最大的资源投入方向和资源配置结构。

税收调节资源配置的功能主要体现在以下三个方面。

1. 调节和影响经济结构

经济结构是指国民经济各个部门、各个地区、各种经济成分、各经济组织以及社会再生产各方面的构成及其相互联系、相互制约的关系。经济结构的内涵十分丰富，表现形式亦多互样化，包括产业结构、地区结构、所有制结构等多方面内容。税收影响经济结构，是指国家通过合理设置税种，制定科学的差别税率和针对性强的税收奖限政策等，形成税收上的利益差别机制，引导资源的有效配置和经济结构的优化组合。

（1）调节产品结构或产业结构。不同产品或产业的发展，在很大程度上取决于该产品或产业的盈利水平，而税收对产品或产业的盈利水平具有重要的影响。在价格不变的情况下，增加税收会减少利润，从而限制某种产品或产业的发展；反之，减少税收会增加利润，从而鼓励某种产品或产业的发展。对不同产品、不同行业制定不同的税收政策和差别税率，可以引导产业和产品结构优化。例如，对于需扶持的重点行业可以实行轻税政策，促进这些产业部门的发展。

（2）调节生产力地域结构。生产力在不同地区的配置，不仅受自然资源、交通运输、技术基础、经济协作等客观因素的制约，还受税收政策的影响。如果各地区税收政策没有差别，生产力就会涌向客观条件较好的地区，出现各地区经济发展不平衡的现象。如果根据各地区不同情况区别制定税收政策，对客观条件较差、经济发展落后的地区给予一定的优惠待遇，就会促进这些地区的经济发展，使生产力地域结构更趋合理。例如，在西部大开发中，对西部投资给予更多的税收优惠，既有利于这些地区的经济发展，又有利于各地区的平衡发展。

（3）调节企业组织结构。不同的企业组织结构对资源的有效利用和经济效益的提高会产生不同的影响，通过税收政策和制度的安排，有利于企业实现经济效益的最大化。例如，对企业商品销售实行多环节按增值额征收的商品课税，由于避免了重复课税，对企业的组织结构选择的影响是中性的，从而有利于促进专业化协作企业的发展。又如，对企业集团实行相对灵活的所得税申报政策，可以提高企业集团的税后收益，有利于企业的集团化、规模化发展。

2. 纠正外部经济

在市场经济条件下，由于存在外部经济的影响，企业的会计成本和收益不能真实反映企业的实际成本和收益，导致价格失真，使企业决策有可能偏离有效资源配置状态。通过税收的制度安排和政策引导，有利于改变企业的成本和收益，进而调整资源的配置状态。外部经济包括外部成本和外部收益两个方面，税收的调节作用也从这两方面体现。

（1）纠正外部成本。外部成本是指没有在企业生产成本中得到反映的成本，或者说是企业成本和社会成本的差额。例如，企业生产中所造成的环境污染就属于没有通过企业成本补偿，却给社会带来损害的外部成本。如果对产生外部成本的产品征税，以税收替代外部成本，将使低于社会成本的企业成本抬高，使企业按社会成本来决定价格和产出，进而改善资源配置。

（2）纠正外部收益。外部收益是指没有在企业收益中得到反映的收益，或者说是企业收益和社会收益之间的差额。例如，企业利用“三废”（废水、废气、废渣）作为原材料生产产品所创造的社会效益，就属于没有计入企业收益却给社会带来福利的外部收益。如果对产生外部收益的产品采取减免税或补贴政策，以减免税或补贴来反映外部收益，使低于社会收益的企业内部收益得以提高，使企业按社会收益来决定价格和产出，进而有利于改善资源配置状况。

3. 有效利用资源

资源的有限性与对资源的需求是经济发展的一对矛盾。解决这一矛盾除依靠市场机制的基础性调节外，还可通过税收政策引导资源的有效配置。例如，当某种资源紧缺应限制消费时，就提高对该资源的税收；当某种资源充裕应鼓励消费时，就降低对该资源的税收。

另外，企业在自然资源占有情况上的不同，会形成企业之间的级差收益。如果任其差异存在，必然造成企业之间的不平等竞争，造成“采易弃难”“采富弃贫”的资源浪费现象。因此，按自然资源级差收益征税，一方面可形成国有资源的有偿使用机制，增加政府财政收入；另一方面可以促使企业合理利用和有效配置资源。

（三）收入分配职能

税收的收入分配职能，是税收所具有的，通过一定的税收政策、制度，影响社会成员收入分配格局的功能。分配指的是社会产品的分配，它决定社会成员占有生产成果的比例。由于各人能力有别，各人拥有要素质量、数量及机会的差异，终使个人收入差异较大，因此，要求政府来纠正市场分配缺陷，实现公平分配的目标。

税收对个人收入分配的影响可以通过不同的税种体现出来。

1. 所得税对个人收入分配的影响

对个人收入征收个人所得税，在采用累进税率的情况下，征收额随着个人收入的增加而递增，对低收入者按比较低的税率征税或不征税，对高收入者按比较高的税率征税，可以有效缩小高收入者和低收入者之间的收入差距。另外，对不同性质和来源的个人收入，采取区别对待的税收政策，对劳动所得采用低税率，对资本所得采用高税率，既可调节个人收入结构，也能有效缩小收入差距，实现社会公平。

2. 商品税对个人收入分配的影响

在商品税由消费者负担的情况下，选择性地征收商品税或实行高低不等的差别税率，既可降低个人的购买能力，也可调整个人的消费结构。例如，对非生活必需品和奢侈品征税，并采用差别税率，征税品目更多地针对高收入者的消费需求，这样，高收入者在满足自身需求的同时，也在税收调节下，缩小了与低收入者之间的收入差距。

3. 财产税对个人收入分配的影响

在财产占有不均衡、贫富悬殊差距较大的情况下，通过开征遗产税、赠与税等可以调节财产所有人的收入，有效缩小贫富差距。

（四）宏观调控职能

税收的宏观调控职能，是税收所具有的，通过一定的税收政策、制度，影响社会经济运行，促进社会经济稳定和发展的功能。在市场经济条件下，税收宏观调控职能主要体现在调控经济总量和调节供给结构两个方面。

1. 调控经济总量

总供给与总需求的矛盾是社会经济运行中的主要矛盾，供求失衡往往会造成经济过分扩张、物价上涨、经济衰退、大量失业等问题，影响整个社会经济的协调稳定发展。因此，各国政府都非常重视运用经济、法律、行政等手段调控经济总量。其中，税收调节是政府运用最多最得力的手段之一。

税收对经济总量的调控主要是通过提高或降低税率，扩大或缩小税基等来减少或增加人们的货币购买或支付能力，达到抑制需求或刺激需求的目的，使社会总供给和总需求在总量上平衡。其基本做法是：当有效需求不足使总需求小于总供给而导致经济萎缩时，政府要选择扩张性税收政策，降低税率，减少税收，增加企业和个人可支配收入，增加投资和消费，通过扩大社会总需求，促进经济的复苏和增长。相反，当需求过旺使总需求大于总供给而导致物价上涨、通货膨胀时，政府要选择紧缩性税收政策，提高税率，增加税收，减少企业和个人可支配收入，减少投资和消费支出，通过抑制社会总需求来减轻通货膨胀的压力。税收的上述调节作用，在以所得税为主体税种并采取累进税率的发达国家表现得尤为突出。

2. 调节供给结构

总供给与总需求失衡可能是由于总需求的过度膨胀或过度萎缩引起的，也可能是由于总供给的不足或过剩引起的。而总供给问题引起的经济失衡，又往往是由于供给结构不合理所造成的。例如，当国民经济中的某些关键部门，如能源、交通等部门发展滞后，满足不了其他部门的需求时，就会拖累整个经济的发展。而当某些经济部门生产过剩时，又会造成资源浪费、产业萎缩，税收对供给结构的调节，一方面通过低税或减免税政策，支持和促进国民经济“瓶颈”部门的发展，支持和促进短线产品的生产；另一方面通过高税率政策，限制长线产品的生产，促进产业结构的合理优化。

第三节　税收的经济效应

一、资源配置效应

税收通过影响个人和企业的经济行为，对资源的配置产生影响。通过对不同的商品和服务征收税收，政府可以调节市场供求关系，引导资源向特定领域的配置。例如，对消费品征收较高的消费税可以降低消费者的购买力，从而减少其对特定商品的需求；而对某些行业实施减免税政策，可以鼓励相关产业的发展。税收的资源配置效应有利于调整经济结构，推动经济增长。

二、政府支出效应

税收直接关系政府的财政收入，进而影响政府的支出能力。税收收入可以用于提供公共物品和服务，如基础设施建设、教育、医疗保健等。通过税收调节，政府可以增加或减少财政支出，影响经济的总需求水平。适当的税收政策可以帮助政府实现经济稳定和社会公平，促进长期经济增长。

三、激励与效率效应

税收可以通过改变个人和企业的经济行为激励效应，对经济效率产生影响。例如，征收较高的个人所得税可以减少个人收入，从而降低个人的劳动供给；减免企业所得税可以鼓励企业扩大投资和创造就业机会。通过税收调节激励效应，政府可以优化资源配置，提高整体经济效率。

四、分配效应

税收对财富和收入的分配起调节作用。通过制定累进税率或其他形式的课税方式，政府可以减轻贫富差距，促进社会公平和经济正义。税收还可以通过对特定商品和行为征收高额税收，如奢侈品税或烟草税，改善社会健康和环境。通过合理的税收政策，政府可以在经济增长的同时，缩小收入差距，促进社会稳定和可持续发展。

五、经济增长效应

税收政策对经济增长有直接和间接的影响。通过税收收入，政府可以投资基础设施建设、科研创新和教育培训等领域，提高生产力和经济竞争力，促进长期经济增长。此外，适当的税收水平和结构也能够促进宏观经济发展，鼓励企业投资和创业，增加就业机会。

六、刺激投资与创新

政府可以通过减免企业所得税、提供税收抵免或其他优惠政策来鼓励企业增加投资和创新。降低企业税负可以提高企业利润和现金流，激发企业投资的动力，扩大生产规模，带动经济增长。政府还可以通过研发税收抵免等税收政策，促进科技创新和技术进步，提高经济竞争力和创新能力。

七、促进公共物品供给

税收收入是政府提供公共物品和服务的重要经济支撑。通过税收收入，政府能够提供基础设施建设、教育、医疗保健、社会保障等公共物品和服务，改善社会福利和公共生活水平。这些公共产品的提供可以促进社会资源的均衡配置，提高人力资本和社会资本的积累，进而促进经济增长。

八、促进社会稳定与公平

税收在实现社会稳定和公平方面起到重要作用。通过征收累进税率和调整税收结构，税收政策可以减轻贫富差距，促进社会公平。适当的税收负担可以增强社会凝聚力，减少社会不平等的程度，维护社会稳定。此外，通过对特定行为征税，如环境税、烟草税等，可以改善环境质量和公众健康，提高社会整体福利。

第二章
主要税种分类

第一节　流转税类

一、流转税概述

（一）流转税的定义

流转税又称流转课税、流通税，指以纳税人商品生产、流通环节的流转额或者数量以及非商品交易的营业额为征税对象的一类税收。流转税是商品生产和商品交易的产物，各种流转税（如增值税、消费税、关税）是政府财政收入的重要来源。

（二）流转税的特点

第一，以商品生产、交易和提供商业性劳务为征税前提，征税范围较为广泛，既包括第一产业和第二产业的产品销售收入，也包括第三产业的营业收入；既对国内商品征税，也对进出口的商品征税，征税源比较充足。

第二，以商品的销售额和劳务的营业收入作为计税依据，一般不受生产、经营成本和费用变化的影响，可以保证国家能够及时、稳定、可靠地取得征税类项财政收入。

第三，一般具有间接税的性质，特别是在从价征税的情况下，税收与价格密切相关，便于国家通过征税体现产业政策和消费政策。

第四，同有些税类相比，流转税在计算征收上较为简便易行，也容易为纳税人所接受。

（三）流转税的作用

第一，广泛筹集财政资金。

第二，能够保证国家及时稳定地取得财政收入。

第三，通过影响价格调节生产和消费。

二、增值税

（一）增值税的概念

增值税是对在我国境内销售货物，提供劳务（也称“销售加工修理修配劳务”，简称“劳务”），销售服务、无形资产或者不动产、进口货物的企业单位和个人，就其销售货物、劳务、服务、无形资产或者不动产的增值额和进口货物金额为计税依据而课征的一种流转税。

从计税原理而言，增值税是对商品生产和流通中各环节的新增或商品附加值进行征税，所以称为增值税。然而，由于新增价值或商品附加值在商品流通过程中是一个难以准确计算的数据，因此，在增值税的实际操作上采用间接计算办法，即从事货物销售以及提供应税劳务的纳税人，根据货物或应税劳务销售额，按照规定的税率计算税款，然后从中扣除上一道环节已纳增值税税款，其余额即为纳税人应缴纳的增值税税款。这种计算办法同样体现了对新增价值征税的原则。

（二）增值税的类型

增值税按对外购买固定资产处理方式的不同，可划分为生产型增值税、收入型增值税和消费型增值税。

1. 生产型增值税

生产型增值税是指计算增值税时，不允许扣除任何外购固定资产的价款，作为课税基数的法定增值额除包括纳税人新创造价值外，还包括当期计入成本的外购固定资产价款部分，即法定增值额相当于当期工资、利息、租金、利润等理论增值额和折旧额之和。从整个国民经济来看，这一课税基数大体相当于国民生产总值的统计口径，所以称为生产型增值税。

此种类型的增值税法定增值额大于理论增值额，存在对固定资产重复征税的问题。这种类型的增值税虽然不利于鼓励投资，却可以保证财政收入。

2. 收入型增值税

收入型增值税是指计算增值税时，对外购固定资产价款只允许扣除当期计入产品价值的折旧费部分，作为课税基数的法定增值额相当于当期工资、利息、租金和利润等各增值项目之和。从整个国民经济来看，这一课税基数相当于国民收入部分，故称为收入型增值税。

此种类型的增值税法定增值额与理论增值额一致，从理论上讲是一种标准的增值税，但由于外购固定资产价款是以计提折旧的方式分期转入产品价值的，且转入部分没有合法的外购凭证，故给凭发票扣税的计算方法带来困难，从而影响了这种方法的广泛使用。

3. 消费型增值税

消费型增值税是指计算增值税时，允许将当期购入的固定资产价款一次全部扣除，作为课税基数的法定增值额相当于纳税人当期的全部销售额扣除外购的全部生产资料价款后的余额。从整个国民经济来看，这一课税基数仅限于消费资料价值的部分，故称为消费型增值税。

此种类型的增值税在购进固定资产的当期因扣除额大大增加，会减少财政收入。但这种方法最适合规范凭发票扣税的计算方法，因为凭固定资产的外购发票可以一次性将其已纳税款全部扣除，既便于操作，也便于管理，所以是三种类型中最先进、最能体现增值税优越性的类型。

我国自 2009 年 1 月 1 日起开始实施消费型增值税。

（三）增值税的改革历程

为进一步解决货物和劳务税制中的重复征税问题，完善税收制度，支持现代服务业发展，2011 年 10 月 26 日，国务院常务会议决定，从 2012 年 1 月 1 日起，在部分地区和行业开展深化增值税制度改革试点，逐步将征收营业税的行业改为征收增值税。改革历程如下所示。

2012 年 1 月 1 日起，在上海市进行交通运输业和部分现代服务业开展营业税改征增值税试点。

自 2012 年 8 月 1 日起，北京市等 8 省市参照上海市进行营业税改征增值税试点。

自 2013 年 8 月 1 日起，全国进行交通运输业（暂不含铁路运输）和部分现代服务业开展营业税改征增值税试点。

自 2014 年 1 月 1 日起，铁路运输和邮政业在全国范围内开展营业税改征增值税试点。

自 2014 年 6 月 1 日起，电信业被纳入营业税改征增值税试点。

自 2016 年 5 月 1 日起，在全国范围内全面推开营业税改征增值税试点。将范围扩大到建筑业、房地产业、金融业、生活服务业，并将所有企业新增不动产所含增值税纳入抵扣范围。

（四）增值税的纳税义务人和扣缴义务人

1. 纳税义务人

在我国境内从事销售或者进口货物、提供应税劳务的单位和个人，为增值税的纳税义务人。单位是指企业、行政单位、事业单位、军事单位、社会组织及其他单位。个人是指个体工商户和其他个人。

2. 扣缴义务人

境外的单位或个人在境内销售应税劳务，在境内未设有经营机构的，以境内代理人为扣缴义务人；在境内没有代理人的，以购买方为扣缴义务人。

三、消费税

（一）消费税的概念

消费税是对特定的某些消费品和消费行为征收的一种税，是国际上普遍征收的一种税。消费税法是国家制定的调整消费税征收与纳税人权利和义务的法律规范。消费税能够调节消费结构，正确引导消费方向，保证财政收入。

（二）消费税的特点

消费税具有以下五个特点。

（1）征收范围具有选择性。消费税只是针对一部分消费品和消费行为征收，而不是对所有的消费品和消费行为征收。

（2）征收环节具有单一性。消费税只是在消费品生产、流通或消费的某一环节一次征收，而不是在消费品生产、流通和消费的每一个环节征收。

（3）征收方法具有灵活性。消费税可以根据每一课税对象的不同特点，选择不同的征收方法。既可以采取对消费品指定单位税额依消费品的数量实行从量定额的征收方法，也可以采取对消费品或消费行为制定比例税率依消费品或消费行为的价格从价定率的征收方法，还可以采取对消费品或消费行为制定既依数量实行从量定额征收又依价格实行从价定率征收的方法。

（4）税率、税额具有差别性。消费税可以根据消费品的不同种类、档次（豪华程度、结构性能）或者消费品中某一物质成分的含量，以及消费品的市场供求状况、价格水平、国家的产业政策和消费政策等情况，对消费品制定不同的税率、税额。

（5）税负具有转嫁性。无论消费税是在哪个环节征收，也无论是价内征收还是价外征收，消费品中所含的消费税最终要转嫁到消费者身上。

（三）消费税的纳税义务人

在我国境内生产、委托加工和进口应税消费品的单位和个人，以及国务院确定的销售应税消费品的其他单位和个人，为消费税的纳税义务人。单位是指企业、行政单位、事业单位、军事单位、社会团体及其他单位。个人，是指个体工商户及其他个人。在中华人民共和国境内是指生产、委托加工和进口属于应当缴纳消费税的消费品（以下简称应税消费品）的起运地或者所在地在境内。销售是指有偿转让应税消费品的所有权。有偿是指从购买方取得货币、货物或者其他经济利益。

四、关税

（一）关税的概念

关税是海关依法对进出境货物、物品征收的一种税。所谓“境”指关境，又称“海关境城”或“关税领域”，是国家《中华人民共和国海关法》（以下简称《海关法》）全面实施的领域。在通常情况下，一国关境与国境是一致的，包括国家全部的领土、领海、领空。但当某一国家在国境内设立了自由港、自由贸易区等，这些领域就进出口关税而言处在关境之外，这时，该国家的关境小于国境，如存在单独关境区的国家。单独关境区是不完全适用该国海关法律、法规或实施单独海关管理制度的区域。当几个国家结成关税同盟，组成一个共同的关境，实施统一的关税法令和统一的对外税则，这些国家彼此之间货物进出国境不征收关税，这些国家的关境大于国境，如欧盟国家。

（二）关税的纳税义务人

进口货物的收货人、出口货物的发货人、进境物品的所有人，是关税的纳税义务人。进出口货物的收、发货人是依法取得对外贸易经营权，并进口或者出口货物的法人或者其他社会组织。进出境物品的所有人包括该物品的所有人和推定为所有人的人。一般情况下，对于携带进境的物品，推定其携带人为所有人；对分离运输的行李，推定相应的进出境旅客为所有人；以邮递或其他运输方式出境的物品，推定其寄件人或托运人为所有人。

（三）关税的征税对象

关税的征税对象是准许进出境的货物和物品。货物是指贸易性商品；

物品指入境旅客随身携带的物品、个人邮递物品、各种运输工具上的服务人员携带进口的自用物品、馈赠物品及其他方式进境的个人物品。

第二节　所得税类

一、所得税概述

（一）所得税的概念

所得税，又称收益税，是指以纳税人的所得额或收益额为课税对象的各种税种的统称。严格意义上来说，所得额是收益额的一种。收益额有纯收益额和总收益额之分，其中纯收益额亦称所得额，是指自然人、法人、其他经济组织从事生产经营活动获得的收入减去相应的成本、费用后的余额；总收益额则是指纳税人的全部收入。所得税法律制度规定的所得额，是指纳税人在一定时期内，由于生产、经营等取得的可用货币计量的收入，扣除为取得这些收入所需各种耗费后的净额。

所得税属于直接税，其纳税人和实际负担人是一致的，可以直接调节纳税人的收入，是现代税收制度中的主体税种。所得税的计算涉及纳税人经济活动的各个方面，因此能促使纳税人建立健全会计和经营管理制度，有利于国家通过征税加强对经济活动的监督管理。

所得税类包括企业所得税和个人所得税。

（二）所得税的特点

第一，税负不易转嫁。所得税的课税对象是纳税人的最终收益，纳税人一般就是负税人，能够实现公平分配的目标。

第二，税收中性。所得税的增减变化不会对物价产生直接影响，也不会造成资源配置的扭曲。

第三，税负公平。所得税以所得额为课税对象，征税环节单一，一般不存在重复征税现象，能较好地体现量能负担和公平税负的原则。

第四，税制富有弹性。国家可根据需要灵活调整税负，以适应财政收支变化的需要。

第五，计征复杂，征管难度大。

二、企业所得税

（一）企业所得税的概念

企业所得税是对我国境内的企业和其他取得收入的组织的生产经营所得和其他所得依法征收的一种所得税。

（二）企业所得税的纳税义务人

企业所得税的纳税人是在中华人民共和国境内的企业和其他取得收入的组织。《中华人民共和国企业所得税法》（以下简称《企业所得税法》）规定，除个人独资企业、合伙企业不适用《企业所得税法》外，凡在中国境内的企业和其他取得收入的组织（以下统称企业）为企业所得税的纳税人，依照《企业所得税法》的规定缴纳企业所得税。

企业所得税的纳税人分为居民企业和非居民企业。根据国际上通行做法，我国选择了地域管辖权和居民管辖权的双重管辖权标准，最大限度地维护我国的税收利益。

1. 居民企业

居民企业是指依法在中国境内成立，或者依照外国（地区）法律成立但实际管理机构在中国境内的企业。

依法在中国境内成立的企业包括依照中国法律、行政法规在中国境内成立的企业、事业单位、社会团体以及其他取得收入的组织。依照外国（地区）法律成立的企业，包括依照外国（地区）法律成立的企业和其他取得收入的组织。这里所称实际管理机构，是指对企业的生产经营、人员、账务、财产等实施实质性全面管理和控制的机构。

2. 非居民企业

非居民企业是指依照外国（地区）法律成立且实际管理机构不在中国境内，但在中国境内设立机构、场所的，或者在中国境内未设立机构、场所，但有来源于中国境内所得的企业。

上述所称机构、场所，是指在中国境内从事生产经营活动的机构、场所，包括以下五类。

（1）管理机构、营业机构、办事机构。

（2）工厂、农场、开采自然资源的场所。

（3）提供劳务的场所。

（4）从事建筑、安装、装配、修理、勘探等工程作业的场所。

（5）其他从事生产经营活动的机构、场所。

非居民企业委托营业代理人在中国境内从事生产经营活动的，包括委托单位或者个人经常代其签订合同，或者储存、交付货物等，该营业代理人视为非居民企业在中国境内设立的机构、场所。

（三）企业所得税的征税对象

企业所得税以企业的所得为征税对象，具体包括以下内容。

1. 居民企业的征税对象

居民企业应当就其来源于中国境内、境外的所得缴纳企业所得税。所得包括销售货物所得、提供劳务所得、转让财产所得、股息、红利等权益性投资所得、利息所得、租金所得、特许权使用费所得、接受捐赠所得和其他所得。

2. 非居民企业的征税对象

非居民企业在中国境内设立机构、场所的，应当就其所设机构、场所取得的来源于中国境内的所得，以及发生在中国境外但与其所设机构、场所有实际联系的所得，缴纳企业所得税。

非居民企业在中国境内未设立机构、场所的，或者虽设立机构、场所但取得的所得与其所设机构、场所没有实际联系的，应当就其来源于中国境内的所得缴纳企业所得税。

上述所称实际联系，是指非居民企业在中国境内设立的机构、场所拥有据以取得所得的股权、债权，以及拥有、管理、控制据以取得所得的财产等。

3. 所得来源的确定

来源于中国境内、境外的所得，按照以下原则确定。

（1）销售货物所得，按照交易活动发生地确定。

（2）提供劳务所得，按照劳务发生地确定。

（3）转让财产所得，不动产转让所得按照不动产所在地确定，动产转让所得按照转让动产的企业或者机构、场所所在地确定，权益性投资资产转让所得按照被投资企业所在地确定。

（4）股息、红利等权益性投资所得，按照分配所得的企业所在地确定。

（5）利息所得、租金所得、特许权使用费所得，按照负担、支付所得的企业或者机构、场所所在地确定，或者按照负担、支付所得的个人的住所地确定。

（6）其他所得，由国务院财政、税务主管部门确定。

三、个人所得税

（一）个人所得税的概念

个人所得税是以个人（自然人）取得的各项应税所得为征税对象所征收的一种所得税。

（二）个人所得税的纳税义务人

个人所得税以所得人为纳税义务人。我国按照国际通行做法，依据住所和居住时间两个标准，将纳税人区分为居民纳税人和非居民纳税人，并以此确定其承担不同的纳税义务。

1. 居民个人

居民个人负有无限纳税义务，其所取得的所得，无论是来源于中国境内还是中国境外，都要依法缴纳个人所得税。

居民个人是指在中国境内有住所，或者是无住所而一个纳税年度内在中国境内居住累计满 183 天的个人。

（1）住所标准。在中国境内有住所的个人，是指因户籍、家庭、经济利益关系而在中国境内习惯性居住的个人。

“习惯性居住”，相当于定居的概念，指的是个人在较长时间内，相对稳定地在一地居住。它是指个人因学习、工作、探亲等原因消除之后，没有理由在其他地方继续居留时所要回到的地方，而不是指实际居住或在某一个特定时期内的居住地。“有住所”并不等于“有房产”。

（2）时间标准。我国规定的时间标准是在一个纳税年度内在中国境内居住累计满 183 天的个人。所谓境内居住满 183 天是指在一个纳税年度（自公历 1 月 1 日起至 12 月 31 日止）中在中国境内居住 183 天。

2. 非居民个人

非居民个人是指不符合居民个人判定标准（条件）的纳税人。非居民个人承担有限纳税义务，即仅就其来源于中国境内的所得向中国缴纳个人所得税。非居民个人是在中国境内无住所又不居住，或者无住所而一个纳税年度内在中国境内居住累计不满 183 天的个人。

3. 扣缴义务人

我国实行个人所得税代扣代缴和个人自行申报纳税相结合的征收管理制度。个人所得税采取代扣代缴办法，有利于控制税源，保证税收收入，简化征纳手续，加强个人所得税管理。税法规定，个人所得税以支付所得的单位或者个人为扣缴义务人。纳税人有中国居民身份证号码的，以中国居民身份证号码为纳税人识别号。纳税人没有中国居民身份证号码的，由税务机关赋予其纳税人识别号。扣缴义务人扣缴税款时，纳税人应当向扣缴义务人提供纳税人识别号，扣缴义务人应当按照国家规定办理全员全额扣缴申报，并向纳税人提供其个人所得和已扣缴税款等信息。扣缴义务人在向纳税人支付各项应纳税所得时，必须履行代扣代缴税款的义务。

（三）个人所得税所得来源地的确定

所得来源地的确定，是判断某项所得是否应该征收个人所得税的重要依据。就非居民纳税人而言，因只就其来源于我国境内的所得课税，因此判断其所得来源地，就显得十分重要。

我国的个人所得税，依据所得来源地的确定应反映经济活动的实质，要遵循方便税务机关实行有效征管的原则，具体规定如下。

第一，工资、薪金所得，以纳税人任职、受雇的公司、企业、事业单位、机关、团体、部队、学校等单位的所在地，作为所得来源地。

第二，生产、经营所得，以生产、经营活动实现地作为所得来源地。

第三，劳务报酬所得，以纳税人实际提供劳务的地点作为所得来源地。

第四，不动产转让所得，以不动产坐落地为所得来源地；动产转让所得，以实现转让的地点为所得来源地。

第五，财产租赁所得，以被租赁财产的使用地作为所得来源地。

第六，利息、股息、红利所得，以支付利息、股息、红利所得的企业、机构、组织的所在地，作为所得来源地。

第七，特许权使用费所得，以特许权的使用地作为所得来源地。

所得的来源地与所得的支付地并不是同一概念，有时两者是一致的，有时却是不相同的。除国务院财政、税务主管部门另有规定外，下列所得，不论支付地点是否在中国境内，均为来源于中国境内的所得。

第一，因任职、受雇、履约等在中国境内提供劳务取得的所得。

第二，将财产出租给承租人在中国境内使用而取得的所得。

第三，许可各种特许权在中国境内使用而取得的所得。

第四，转让中国境内的不动产等财产或者在中国境内转让其他财产取得的所得。

第五，从中国境内企业、事业单位、其他组织以及居民个人取得的利息、股息、红利所得。

第三节　财产税类

一、财产税概述

（一）财产税的概念

财产税是对法人或自然人在某一时点占有或可支配财产课征的一类税收的统称。其中，财产是指法人或自然人在某一时点所占有及可支配的经济资源，如房屋、土地、物资、有价证券等。作为古老的税种，财产税曾经是奴隶社会时期和封建社会时期国家财政收入的最主要来源。随经济社会的发展，其主体税种的地位逐步让位于流转税和所得税。财产税在税收收入中所占比重的下降是由其本身的局限性决定的：一是弹性小，不能适应社会经济发展的需要；二是课税对象有限；三是计税依据难以准确界定，税收征管难度大，税收成本较高。

财产税类包括房产税、车船税、契税等。

（二）财产税的特点

第一，财产税是对社会财富的存量课税，可弥补所得税和商品税的不足。财产税的课税对象一般不是纳税人当年新创造的价值，而是其以往年度所创造价值的累积总和。因此，财产税可以发挥流转税和所得税无法发挥的作用。

第二，财产税属于直接税，税负难以转嫁。由于财产税是在消费领域中对财产的占有或支配课税，一般不与他人发生经济关系，纳税人很难有机会转嫁其税负，故财产税对调节社会财富的不合理分布状况、实现公平合理的分配目标，有着无法替代的重要作用。

第三，计税依据难以确定，征管难度大。由于财产税是以纳税人在以往若干年度积蓄的财产存量为课税对象进行征税，因此往往缺乏正常的交易价格作为计税依据。随着时间的推移，许多存量财产的历史成本已不复存在或难以反映目前的市场价值，这一切无疑都会增大其征管工作的难度。

二、房产税

（一）房产税的概念

房产税是以房产为征税对象，依据房产价格或房产租金收入向房产所有人或经营人征收的一种税。

（二）房产税的纳税义务人及征税对象

1. 纳税义务人

房产税的纳税人是指在我国城市、县城、建制镇和工矿区（不包括农村）内拥有房屋产权的单位和个人，具体包括产权所有人、承典人、房产代管人或者使用人。

（1）产权属国家所有的，由经营管理单位纳税；产权属集体和个人所有的，由集体单位和个人纳税。

（2）产权出典的，由承典人纳税。

（3）产权所有人、承典人不在房屋所在地的，由房产代管人或者使用人纳税。

（4）产权未确定及租典纠纷未解决的，由房产代管人或者使用人纳税。

（5）无租使用其他房产的问题。纳税单位和个人无租使用房产管理部门、免税单位及纳税单位的房产，应由使用人代为缴纳房产税。

2. 征税对象

房产税的征税对象是房产，即有屋面和围护结构（有墙或两边有柱），能够遮风避雨，可提供人们在其中生产、学习、工作、娱乐、居住或储藏物资的场所。

其中，房地产开发企业建造的商品房，在出售前不征收房产税；但对出售前房地产开发企业已使用或出租、出借的商品房应按规定征收房产税。

（三）房产税的征税范围

房产税的征税范围为城市、县城、建制镇和工矿区。城市、县城、建制镇、工矿区的具体征税范围，由各省、自治区、直辖市人民政府确定。

需特别注意的是，房产税的征税范围不包括农村。

三、车船税

（一）车船税的概念

车船税是指对在中国境内车船管理部门登记的车辆、船舶（以下简称车船）依法征收的一种税。

（二）车船税的纳税义务人

在中华人民共和国境内，属于应税范围的车辆、船舶（以下简称车船）的所有人或者管理人为车船税的纳税人，即在我国境内拥有应税车船的单位和个人。单位是指行政机关、事业单位、社会组织以及各类企业。个人是指我国境内的居民和外籍个人。

应税车船的所有人或管理人未缴纳车船税的，应由使用人代缴；在机场、港口以及其他企业内部场所行驶或者作业，并在车船管理部门登记的车船，应当缴纳车船税。

（三）车船税的征税范围

车船税的征税对象是依法应在公安、交通、农业等车船管理部门登记的车船，具体可分为车辆和船舶两大类。

车辆、船舶是指依法在车船登记管理部门登记的机动车辆和船舶，以及依法不需要在车船登记管理部门登记的在单位内部场所行驶或者作业的机动车辆和船舶。

第一，车辆为机动车，包括乘用车、商用客车（包括电车）、商用货车（包括半挂牵引车、三轮汽车和低速载货汽车等）、挂车、摩托车、其他车辆（不包括拖拉机）。

第二，是指各类机动、非机动的船舶以及其他水上移动装置，但是船舶上装备的救生艇筏和长度小于 5 米的船筏除外。

四、契税

（一）契税的概念

契税是以在中华人民共和国境内转移土地、房屋权属为征税对象，向产权承受人征收的一种财产税。

（二）契税的纳税义务人

契税的纳税人是境内转移土地、房屋权属的承受的单位和个人。境内是指中华人民共和国实际税收行政管辖范围内；土地、房屋权属是指土地使用权和房屋所有权；单位是指企业、事业单位、国家机关、军事单位和社会团体以及其他组织；个人是指个体经营者及其他个人，包括中国公民和外籍公民。

特别注意，契税纳税人是买方而不是卖方。

（三）契税的征税对象

契税的征税对象是境内转移的土地、房屋权属，具体包括以下内容：土地使用权出让；土地使用权转让，包括出售、赠予、互换；房屋买卖、赠予、互换。

第四节 行为税和其他特定目的的税

一、行为税和其他特定目的的税概述

（一）行为税和其他特定目的的税的概念

行为税和其他特定目的的税是指以消费或经济生活中的某些特定行为作为课税对象的一类税收的总称。其中，特定行为是指除了从事商品和劳务的销售行为、取得所得行为、占有或转移财产行为等以外的应纳税行为，具体课税范围则由税法予以确定。

行为税和其他特定目的的税包括印花税、城市维护建设税、土地增值税、车辆购置税等。

（二）行为税和其他特定目的的税的特点

当代税制结构中，行为税和其他特定目的的税有着与众不同的鲜明特点。

第一，明确的目的性。行为税和其他特定目的的税主要以特定的行为为课税对象，因而它在宏观调控中更能直接体现国家意志。现实经济生活中，对哪些行为征税、哪些行为不征税，税率水平的高低和税收负担的轻重等，完全服从于国家的特定政策目标。

第二，分散性和灵活性。行为税和其他特定目的的税的税源分散且不普遍，因此收入不像商品税和所得税那样集中、稳定。加之其目的是限制某种行为，实行“寓禁于征”的政策，往往是因时制宜和因地制宜，需要时就开征，不需要时则停征，从而具有分散性和灵活性的特征。

第三，税款收入具有特殊的用途。行为税和其他特定目的税通常是基于特定的目的及特殊需要而开征、停征，其收入具有偶然性和临时性。因此，行为税和其他特定目的税的收入一般不列入经常性预算收入来源，而是作为建设性预算收入的一部分，用于满足经济发展过程中的特殊需要。

二、印花税

（一）印花税的概念

印花税是以经济活动和经济交往中书立、使用、领受应税凭证和证券交易的行为为征税对象征收的一种税。它是一种具有行为税性质的凭证税。

（二）印花税的特点

印花税具有以下特点。

1. 征税面广

印花税规定的征税范围广泛，凡税法列举的合同或具有合同性质的凭证、产权转移书据、营业账簿等，都必须依法纳税。

2. 税率低，税负轻

印花税的最高税率为 0.1%，最低税率为 0.05%。税负轻是印花税的一大优点，易为纳税人所接受，也因此得以在世界各国广泛推行。

3. 纳税人可以自行完税

印花税可以采用粘贴印花税票或者由税务机关依法开具其他完税凭证的方式缴纳。纳税人在应纳税凭证订立或领受时可以即行贴花完税，印花税票应贴在应纳税凭证上，并由纳税人在每枚税票的骑缝处盖戳注销或划销，严禁揭下重用。

（三）印花税的纳税义务人

印花税的纳税人，是指在中华人民共和国境内书立应税凭证、进行证券交易的单位和个人。

签订合同的各方当事人都是印花税的纳税人，但不包括合同的担保人、证人和鉴定人。

在国外书立、领受，但在国内使用的应税凭证，其使用人为纳税人。

印花税的纳税人按照书立、使用、领受应税凭证的不同，可以分别确定为立合同人、立据人、立账簿人、使用人和各类电子应税凭证的签订人。

1. 立合同人

各类合同的纳税人是立合同人。立合同人是指合同的当事人。当事人是指对凭证有直接权利与义务关系的单位和个人，但不包括合同的担保人、证人、鉴定人。各类合同包括买卖合同、承揽合同、融资租赁合同、建设工程合同、租赁合同、运输合同、仓储合同、借款合同、财产保险合同、技术合同或者具有合同性质的凭证。

2. 立据人

产权转移书据的纳税人是立据人，即土地、房屋权属转移过程中买卖双方的当事人。所立书据以合同方式签订的，应由持有书据的各方分别按全额贴花。

3. 立账簿人

营业账簿的纳税人是立账簿人。立账簿人是指设立并使用营业账簿的单位和个人。例如，企业单位因生产、经营需要而设立了营业账簿，则该企业就是纳税人。

4. 使用人

在国外书立、领受但在国内使用的应税凭证，其纳税人是使用人。

5. 各类电子应税凭证的签订人

各类电子应税凭证的签订人是以电子形式签订各类应税凭证的当事人。

6. 证券交易人

在中华人民共和国境内进行证券交易的单位和个人均是印花税的纳税人。证券登记结算机构为证券交易印花税的扣缴义务人。

需要注意的是，纳税人为境外单位或者个人，在境内有代理人的，以其境内代理人为扣缴义务人；在境内没有代理人的，由纳税人自行申报缴纳印花税，具体办法由国务院税务主管部门规定。

三、城市维护建设税

（一）城市维护建设税的概念

城市维护建设税是对缴纳增值税、消费税的单位和个人，按其实际缴纳的增值税和消费税税额的一定比例征收，专门用于城市维护建设的一种税。

建设维护建设税属于特定目的税，是国家为加强城市的维护建设、扩大和稳定城市维护建设资金的来源而采取的一项税收措施。

（二）城市维护建设税的特点

城市维护建设税有以下特点。

1. 属于一种附加税

城市维护建设税以纳税人实际缴纳的增值税、消费税税额为计税依据，随增值税和消费税同时征收，没有特定的课税对象，其征管方法也完全比照增值税和消费税的有关规定办理。

2. 专款专用

在通常情况下，税收收入都直接纳入国家预算，由中央和地方政府根据需要，统一安排使用到国家建设和事业发展的各个方面，税法并不规定各个税种收入的具体使用范围和方向。但是，城市维护建设税的税款被要求用于城市公共设施和公用事业的建设及维护。

3. 根据所处区域设计不同的比例税率

城市维护建设税的税率，不是依据纳税人获取的利润水平或经营特点确定，而是根据纳税人所在区域设计的，市区的税率高于非市区的税率。

4. 征税范围较广

城市维护建设税以增值税、消费税的税额作为税基，而增值税、消费税是对商品和劳务征税，它们的征税范围包括我国境内所有经营的单位和个人。因此，除减免税等特殊情况以外，任何从事生产、经营活动的企业单位和个人都要缴纳城市维护建设税。

（三）城市维护建设税的纳税义务人

城市维护建设税的纳税人是在中华人民共和国境内缴纳增值税、消费税的单位和个人。

四、土地增值税

（一）土地增值税的概念

土地增值税是对转让国有土地使用权、地上建筑物及其附着物并取得收入的单位和个人，就其转让房地产所取得的增值额征收的一种税。

开征土地增值税的主要目的是规范土地、房地产市场交易秩序，合理调节土地增值收益，维护国家权益。

（二）土地增值税的纳税义务人

土地增值税的纳税人，是指转让国有土地使用权、地上建筑物及其附着物并取得收入的单位和个人。单位包括各类企业、事业单位、国家机关和社会团体及其他组织。个人包括个体经营者。

（三）土地增值税的征税范围

土地增值税的基本征税范围包括：转让国有土地使用权，地上建筑物及其附着物连同国有土地使用权一并转让，存量房地产的买卖。

五、车辆购置税

（一）车辆购置税的概念

车辆购置税是以在中国境内购置规定的车辆为课税对象、在特定的环节向车辆购置者征收的一种税。2018 年 12 月 29 日第十三届全国人民代表大会常务委员会第七次会议通过并于 2019 年 7 月 1 日起施行的《中华人民共和国车辆购置税法》对车辆购置税作了基本规范。

（二）车辆购置税的特点

车辆购置税除了具有各税种的共同性质外，还有其自身特点。

1. 征收范围单一

车辆购置税以购置的特定车辆为课税对象，征收范围较窄。

2. 征收环节单一

车辆购置税实行一次课征制，它不是在生产、经营和消费的每一环节均征收，只是在退出流通领域进入消费领域的特定环节征收。

3. 税率单一

车辆购置税均按统一的比例税率征收，税率具有不随课税对象数额变动的特点，因而计征简便、税负稳定。

4. 征收方法单一

车辆购置税根据纳税人购置应税车辆的计税价格实行从价计征，以价格为计税标准，税额与价格直接相关，价格高者多征税，价格低者少征税。

5. 征税具有特定目的

车辆购置税具有专门用途，由中央财政根据国家交通建设投资计划进行统筹安排。

6. 价外征收，税负不易转嫁

车辆购置税的计税依据中不包含车辆购置税税额，车辆购置税税额是附加在价格之外的，且纳税人就是负税人，税负不易转嫁。

（三）车辆购置税的纳税义务人

在中华人民共和国境内购置汽车、有轨电车、汽车挂车、排气量超过150毫升的摩托车（以下统称应税车辆）的单位和个人，为车辆购置税的纳税人。购置，是指以购买、进口、自产、受赠、获奖或者其他方式取得并自用应税车辆的行为。

所称单位，包括国有企业、集体企业、私营企业、股份制企业、外商投资企业、外国企业以及其他企业，事业单位、社会团体、国家机关、部队以及其他单位。

所称个人，包括个体工商户及其他个人，既包括中国公民又包括外国公民。

（四）车辆购置税的征税范围

车辆购置税以列举的车辆为征税对象，未列举的车辆不纳税。其征税范围包括汽车、有轨电车、汽车挂车和排气量超过150毫升的摩托车。具体规定如下。

1. 汽车

包括各类汽车。农用运输车、电车中的无轨电车属于汽车。

2. 有轨电车

有轨电车是指以电能为动力，在轨道上行驶的公共车辆。

3. 摩托车

摩托车包括轻便摩托车、二轮摩托车、三轮摩托车。

4. 汽车挂车

汽车挂车分为全挂车和半挂车。全挂车是无动力设备，独立承载，由牵引车辆牵引行驶的车辆；半挂车是无动力设备，与牵引车共同承载，由牵引车辆牵引行驶的车辆。

第五节　资源环境税类

一、资源环境税概述

（一）资源环境税的概念

资源环境税是指税收体系中与自然资源利用和环境保护有关的各种税收，包括资源税、城镇土地使用税、耕地占用税、环境保护税等。资源环境税类的开征有利于促进财政收入增长，也有利于资源的合理利用和环境保护。

（二）资源环境税类的特点

（1）征税范围的选择比较灵活，根据资源的种类等划定课税范围。

（2）税负的高低与资源的级差收益水平相关，有利于调节资源的极差收入。

二、资源税

（一）资源税的概念

资源税是对在中华人民共和国领域和中华人民共和国管辖的其他海域开发应税资源的单位及个人征收的一种税，属于对自然资源占用征税的范畴。

2019 年 8 月 26 日，第十三届全国人民代表大会常务委员会第十二次会议通过了《中华人民共和国资源税法》（以下简称《资源税法》），并自 2020 年 9 月 1 日起在全国施行。

（二）资源税的纳税人

资源税的纳税人是指在中华人民共和国领域和中华人民共和国管辖的其他海域开发应税资源的单位及个人。

单位是指国有企业、集体企业、私有企业、股份制企业、其他企业和行政单位、事业单位、军事单位、社会团体及其他单位；个人是指个体经营者及其他个人；其他单位和其他个人包括外商投资企业、外国企业及外籍个人。

纳税人开采或者生产应税资源产品自用的，应当依照规定缴纳资源税；但自用于连续生产应税资源产品的，不缴纳资源税。

三、城镇土地使用税

（一）城镇土地使用税的概念

城镇土地使用税是以城镇土地为征税对象，对拥有土地使用权的单位和个人征收的一种税。

（二）城镇土地使用税的纳税义务人

在城市、县城、建制镇、工矿区范围内使用土地的单位和个人，为城镇土地使用税的纳税人。

城镇土地使用税的纳税义务人的范围包括所有的单位和个人。所称单位，包括国有企业、集体企业、私营企业、股份制企业、外商投资企业、外国企业以及其他企业和事业单位、社会团体、国家机关、军队以及其他单位；所称个人，包括个体工商户以及其他个人。

纳税人可以是拥有人、实际使用人或代管人；共同拥有或使用的，各方都是纳税人。具体分为以下几类。

第一，拥有土地使用权的单位和个人。

第二，拥有土地使用权的单位和个人不在土地所在地的，其土地的实际使用人和代管人为纳税人。

第三，土地使用权未确定或权属纠纷未解决的，其实际使用人为纳税人。

第四，在征税范围内，承租集体所有建设用地的，由直接从集体经济组织承租土地的单位和个人为纳税人。

第五，土地使用权共有的，由共有各方分别纳税。

几个人或几个单位共同拥有一块土地的使用权，这块土地的城镇土地使用税的纳税人应是对这块土地拥有使用权的每一个人或每一个单位，以其实际使用的土地面积占总面积的比例，分别计算缴纳土地税。

（三）征税范围

城镇土地使用税的征税范围，包括在城市、县城、建制镇和工矿区内的国家所有和集体所有的土地。

上述城镇土地使用税的征税范围中，城市的土地包括市区和郊区的土地，县城的土地是指县人民政府所在地的城镇的土地，建制镇的土地是指镇人民政府所在地的土地。建立在城市、县城、建制镇和工矿区以外的工矿企业则不需缴纳城镇土地使用税。

四、耕地占用税

（一）耕地占用税的概念

耕地占用税是对占用耕地建房或从事其他非农业建设的单位和个人，就其实际占用的耕地按面积征收的一种税，它属于对特定土地资源占用课税。我国现行耕地占用税的基本法律规范是2018年12月29日第十三届全国人民代表大会常务委员会第七次会议通过并于2019年9月1日起施行的《中华人民共和国耕地占用税法》。

（二）耕地占用税的纳税义务人

在中华人民共和国境内占用耕地建设建筑物、构筑物或者从事非农业建设的单位和个人，为耕地占用税的纳税人。

耕地占用税的征税范围包括用于建房或从事其他非农业建设征（占）用的国家所有和集体所有的耕地。

占用园地、林地、草地、农田水利用地、养殖水面以及渔业水域滩涂等其他农用地建设建筑物、构筑物或者从事非农业建设的，需依法缴纳耕地占用税。

占用前述农用地建设直接为农业生产服务的生产设施的，不缴纳耕地占用税。

五、环境保护税

（一）环境保护税的概念

我国于2016年12月25日出台了《中华人民共和国环境保护税法》（以下简称《环境保护税法》）。根据该法规定，自2018年1月1日起依法征收环境保护税，不再征收排污费。

环境保护税是向在中华人民共和国领域和中华人民共和国管辖的其他海域，直接向环境排放应税污染物的企业事业单位和其他生产经营者征收的一种税。

（二）环境保护税的特点

1.“费改税”，实现税负平移

我国1979年确立排污收费制度，对防治环境污染起到了重要作用。“费”改“税”后，《环境保护税法》将排污费的缴纳人作为环境保护税的纳税人，根据原排污收费项目、计费办法和收费标准，设置环保税的税目、计税依据和税额标准。

2. 需要多部门配合

相比部分已有税种，环境保护税所涉及的技术性相对较强。《环境保护税法》明确，税款由税务部门征收，生态环境保护部门配合，确定“企业申报、税务征收、环保监测、信息共享”的税收征管模式。

（三）环境保护税的纳税人

环境保护税的纳税人是在中华人民共和国领域和中华人民共和国管辖的其他海域，直接向环境排放应税污染物的企业事业单位和其他生产经营者。

（四）环境保护税的征税对象

环境保护税的征税对象为四大类污染物，包括大气污染物、水污染物、固体废物和噪声。环境保护税的具体税目、税额，依照《环境保护税法》所附的“环境保护税税目税额表”执行。

有下列情形之一的，不属于直接向环境排放污染物，不缴纳相应污染物的环境保护税。

（1）企业事业单位和其他生产经营者向依法设立的污水集中处理、生活垃圾集中处理场所排放应税污染物的。

（2）企业事业单位和其他生产经营者在符合国家及地方环境保护标准的设施、场所贮存或者处置固体废物的。

依法设立的城乡污水集中处理、生活垃圾集中处理场所超过国家和地方规定的排放标准向环境排放应税污染物的，应当缴纳环境保护税。

企业事业单位和其他生产经营者贮存或者处置固体废物不符合国家和地方环境保护标准的，应当缴纳环境保护税。

第三章
税收筹划的基础知识

第一节　税收筹划的历史溯源

税收筹划行为的产生与税收分配活动紧密相连，随着税收的产生而产生。国家强制、无偿地向纳税人征税，就会造成纳税人经济利益的直接减少。可以说，只要存在税收，纳税人就会有减轻或免除税收负担的动机，具体表现为违法的偷逃税和非违法的税收筹划。

有人认为，我国税收筹划的历史可以追溯到奴隶社会。在井田制下，私田不缴纳赋税，奴隶主强迫奴隶开垦井田以外的荒地形成私田，成为我国古代纳税人进行税收筹划的范例；公元前594年，鲁国实行初税亩，规定无论公田还是私田一律履亩征税，则可以看作反避税的成功典范。[1]我国唐代诗人杜荀鹤在《山中寡妇》中“任是深山更深处，也应无计避征徭”的诗句，虽然反映的是封建社会苛捐杂税的繁重，但从另一侧面反映了我国古代纳税人的避税动机与税收筹划的客观存在。

在西方，英国1696年开征窗户税，也曾经有过典型的税收筹划。根据当时的法令规定，凡房屋有窗户10个以下者，课税2先令；有窗10个至20个者，课税6先令；有窗20个以上者，课税10先令。纳税人为逃避纳税，有的将“明窗”改作“暗窗”，有的房屋上少设或不设窗户。[2]

---

[1] 倪俊喜．税收筹划学[M]. 天津：天津大学出版社，2007：27.

[2] 石坚，袁毅，郭蕴芳．财产税万花筒[M]. 北京：人民出版社，1992：55.

但是，将税收筹划作为一种经济现象进行研究，明确税收筹划是纳税人一项权利的观点，则应上溯到 20 世纪 30 年代英国的一则判例。1935 年英国上议院在审理“税务局长诉温森特大公”一案时，议员汤姆林爵士提出了税收筹划的观点。他指出：“任何一个人都有权安排自己的事业，依据法律这样做可以少缴税。为了保证从这些安排中得到利益……不能强迫他多缴税。”此后，英国、澳大利亚、美国的税收判例经常援引这一判例的原则精神。1947 年，美国法官汉德在一个税务案件中也有如下一段作为美国税收筹划法律依据的话：“法院一直认为，人们安排自己的活动以达到低税负目的，是不可指责的。每个人都可以这样做，不论他是富人，还是穷人。而且这样做是完全正当的，因为他无须超过法律的规定来承担国家税收。税收是强制课征，而不是自愿捐献，以道德的名义来要求税收，纯粹是奢谈。”❶

一般认为，税收筹划和对税收筹划的研究是从 20 世纪 50 年代末才真正开始的。成立于 1959 年的欧洲税务联合会明确提出税务专家是以税务咨询为中心开展税务服务，是一种独立于代理业务的新业务，这种业务的主要内容就是税收筹划。目前在欧美等发达国家，税收筹划已经进入一个比较成熟的阶段。

税收筹划在 20 世纪 90 年代初期进入我国后，得到很快的发展。1994 年税务专家唐腾翔出版了我国第一部税收筹划专著——《税收筹划》；1996 年《注册税务师资格制度暂行规定》颁发，规定了注册税务师的代理范围，为税收筹划发展提供了可能；1999 年《中国税务报》开始推出《税收

❶ 盖地 . 企业税收筹划理论与实务 [M]. 大连：东北财经大学出版社，2008：102.

筹划》周刊，向社会宣传介绍税收筹划业务；2001年《税收征管法》明确规定了纳税人的权利，纳税人保护自身合法利益的税收维权意识明显增强，税收筹划逐渐成为企业不可或缺的重要理财活动。自此，各种税收筹划书籍相继问世并热销，财经类高校开始设立税收筹划专业本科学科，税收筹划课程成为高校财税专业与财会专业的热门课程。目前，税收筹划在我国从理论到实践都处于方兴未艾的兴盛阶段。可以预见，随着我国对外开放力度的进一步加大，国际税收筹划将明显增多，而随着税收政策法规的不断完善，反避税力度的加大，人们对税收筹划的技术要求越来越高，社会中介机构在税收筹划领域将发挥越来越重要的作用。

第二节　税收筹划的内涵及特点

一、税收筹划的内涵

（一）税收筹划的定义

关于税收筹划的概念可谓众说纷纭，荷兰国际财政文献局（IBFD）、美国南加州大学W.B.梅格斯博士、我国著名学者盖地教授等均对税收筹划下过具有代表性的定义，但是目前国际上尚未形成统一的说法。

虽然关于税收筹划的权威性普遍概念没有出现，但是大家得出一些共识，即税收筹划是旨在降低税收负担和税收风险的一种合理合法的经济行为。通过对各位专家学者理论的研究以及具体实践经验的吸收，本书对税收筹划做了以下定义：在对税收制度和法律进行充分了解和掌握的情况下，纳税人在既定的税制框架内为了节约税款、递延纳税和降低税务风险而做的一系列规划、安排，其中包括制定纳税主体的战略模式、决定投资行为、采取各项经营活动等。

实际上，税收筹划是纳税人对税收政策和环境变化的一种适应和反应，其不仅包括降低税负的诉求，还体现为降低税收风险的要求。基于此，纳税人在进行税收筹划时必须多方面搜集、分析信息，对当前的税收政策、环境、行业特征等内容有详细了解，掌握不同领域税收政策的差异性，有针对性并科学准确地进行税收筹划。不可否认，税收筹划与税收风险之间也存在密切的关系。

（二）税收筹划的深层诠释

从市场经济的国际经验来看，税收筹划早已有之，为了使读者对税收筹划有更明白和深刻的理解，下面进一步诠释税收筹划。

1. 税收筹划属于财务管理范畴，其性质是一种理财活动

为达到降低税负和税收风险的目的，纳税人采取了一系列措施来开展税收筹划，这一活动属于企业财务管理范畴。税收筹划主要体现在安排投资、经营、交易等事项方面。在法律法规的要求之内，纳税人通常有多种纳税方案的选择，最明智的做法便是选择税负最低但是税后收益最大的方案。但是，在实际税收筹划过程中，企业往往为了自身利益铤而走险，越过法律的边界，不择手段地减轻税收负担。一旦出现这种情况，不仅对企业的形象和声誉不利，还难以逃脱法律的制裁，给企业带来致命性的打击。所以，在进行税收筹划时不是要纳税人绞尽脑汁地寻找逃避税收的办

法，而是要充分合理地利用税法赋予纳税人的权利，在科学分析和谨慎抉择的基础上，用好、用活税收政策。

2. 税收筹划是纳税人的一项重要权利

纳税人有权在法律范围内进行税收筹划，具体包括三个方面的内容：①纳税人必须依据法律要求正确纳税，但其也享有避免多缴纳税款的权利；②纳税人享有在合理范围内对涉税事项进行谋划以尽量降低税款的权利；③纳税人享有维护其正当利益的权利。

3. 税收筹划是企业的一种长期行为和事前筹划安排

在进行税收筹划时不仅要将重点放在法律规定上，避免踩到“高压线”，还要将重点放在具体的决策制定、实行及效果上。所以企业在进行税收筹划时要目光长远，不可只贪图眼前利益，而是要为了企业的生存和发展从长计议。相关的纳税人还要熟知与税法相关的其他方面的知识，如会计、财政、金融等，尽量拓宽自己的知识面，如此在制订税收筹划方案时才能统筹兼顾，不逾矩、不违规，使税收筹划既达到减少企业自身税负的目的，又符合国家的政策导向。

4. 税收筹划是一种降低企业经营成本的有效手段

从某种意义上说，利用税收筹划减少税款和通过降低产品成本提高利润具有同等重要的价值。税收具有无偿性，这就决定了纳税人缴纳的税款无疑是一笔现金的流出，且没有与之相匹配的现金流入项目。由此可以看出，利用税收筹划节约税款相当于直接增加企业的净收益，与降低成本有异曲同工之效。

5. 税收筹划是市场经济发展的必然产物

税收筹划不是凭空产生的，其需要满足两个基本条件：①在法定范围内，企业独立获得利益且自主经营管理；②协调好企业和国家的利益分配关系，使税收秩序正常、规范。税收筹划是企业为了适应市场经济要求及实现自身的发展应运而生的，既具有现实性，又具有可能性。

6. 税收筹划是纳税人对税法合理有效的运用

纳税人作为我国的合法公民，享有法律赋予的权利和义务。纳税人必须按照税法的规定办理税务登记，及时申报纳税项目，定期缴纳税款，并配合税务机关人员对本企业的账目进行检查、核对，这是纳税人应尽的义务。同时，纳税人也享有在合法的前提下进行税收筹划的权利。依法科学地进行税收筹划体现了纳税人法律观念的提高、纳税意识的增强、有效管理企业能力的提升，这不仅能够降低纳税人的税款及纳税风险，还能够促进我国税收制度的变革和发展、提高税务机关的行政水平、规范市场秩序。换言之，税收筹划也有利于税收政策和征管制度的完善。

7. 税收筹划的目标并非税负最小化

税收筹划的目标不仅体现在降低企业税负方面，更在于实现税制框架约束下的税后利润最大化或股东财富最大化。在现实经济生活中，最优的税收筹划方案并不一定是税负最小化的方案，但一定是税后利润最大化或股东财富最大化的方案。因为税收负担的降低未必代表企业税后利润的增加，有时一味追求税负最小化反而可能导致税后利润下降。

税收筹划的目标还在于控制税务风险。控制税务风险主要可从以下四个方面具体实施：①吃透税收政策，正确运用税收政策；②提高纳税自查能力，在纳税申报之前进行全面的检查、过滤，排除税收隐患；③掌握纳税技巧，提高税收筹划方案的设计能力；④从战略角度审视财税管理手段与方法，做到战略、经营、财务、税务的协调统一。

8. 税收筹划风险与收益并存

税收筹划是一种事前行为，具有长期性和预见性。税收筹划和其他财务管理活动一样，也是收益与风险并存，这是市场经济的普遍规律。当然，纯粹考虑税收筹划还可能导致投资扭曲风险发生。现代税制遵循税收中性原则，即纳税人不因政府课税而改变其既定的投资决策，但在现实经济环境中，纳税人往往由于税收的原因而被迫将资金投向其次优项目而放弃最优项目。这种由于课税而改变纳税人投资行为从而给企业带来机会损失的风险即为投资扭曲风险，在现实经济生活中屡见不鲜。

9. 税收筹划要考虑实际税负水平

经过调查研究可知，货币时间价值和通货膨胀是对实际税负水平造成影响的两大因素。前者的影响主要表现在现金流量的内在价值差异方面，因此，企业在进行税收筹划时必须对账款收现和税收支出的时间、速度进行合理规划，以在不损害企业市场信誉的前提下，在法律范围内尽量提高应收账款的比重和收现速度，延缓税收支出的时间和速度。通货膨胀对实际税负水平的影响，主要考虑以下方面：一是通货膨胀会形成高估应税收益的不利影响；二是通货膨胀延缓企业纳税过程，能达到抑减税负的效应。

10. 税收筹划要考虑边际税率

在进行税收筹划时需对其边际税率加以考虑。边际税率是指在税基的基础上，对每一单位新增加的税基所适用的税率。税率一般可分为三种：

累进税率、比例税率和定额税率。就累进税率而言，应税所得额和税率结构对边际税率产生重要影响，边际税率随着应税所得额的大小和税率结构的改变而改变；就比例税率而言，边际税率是始终不变的。在实践中常出现边际税率和税收收入成反比的怪现象，这体现出边际税率受纳税人心理及经济行为的影响。企业对边际税率进行研究，可以合理控制边际效益和成本，从而提高企业绩效。

11. 税收筹划要树立“大系统思维”

所谓的“大系统思维”就是全局观，不仅是税收筹划，在进行任何一项事务的安排和规划时都要有整体观念和系统思维。只有放眼全局，将眼前利益和长远利益、局部利益和整体利益结合考虑，均衡各方面的关系，寻求利益最大化和危害最小化，高屋建瓴、运筹帷幄，才能达到预期目标，取得最终的胜利。因此，我们在解决一切问题时都要树立“大系统思维”，在进行税收筹划时也不例外，要统筹市场宏观经济系统和微观经济循环，对影响税收筹划的因素和条件加以全面分析、研究。

二、税收筹划的特点

（一）不违法性

不违法性主要是针对广义的税收筹划来说的，是指税收筹划不能违反法律规定。不违反法律规定是税收筹划的前提条件，是税收筹划的最基本要求，也是税收筹划与偷税、逃税、抗税、骗税行为的根本区别。

（二）事先性

事先性是指在企业从事生产经营活动或投资活动之前，就把税收作为影响其活动结果和取得效益的重要因素进行设计和安排。这主要是因为：①税务责任通常具有滞后性，企业在完成交易之后有纳税的义务，这就决定了企业可以事先安排自己的应税业务；②税收筹划应在纳税行为发生之前进行，一旦业务发生以后，税务责任已成既定事实，这个时候如果再想进行筹划为时已晚。

（三）目的性

目的性是指税收筹划有明确的目的即实现企业价值最大化。也就是说，税收筹划以减轻税负为初级目的，而以实现企业价值最大化为终极目的。当两者矛盾时，一般情况下应当选择能实现企业价值最大化的税收筹划方案。

（四）协作性

协作性是指由于复杂的税收筹划涉及的经营活动关系到企业的生产、经营、投资、理财、营销等所有活动，因此它不是由某个部门或某个人单独进行操作就能够完成的工作，它需要有规范的经营管理，并且在企业领导重视的前提下，财务部门和其他部门的密切配合、充分协作才能顺利进行。

（五）全面性

全面性意味着应从战略角度考虑和掌握税收筹划。换句话说，企业在进行税收筹划过程中看问题要全面，应着眼于企业的长远发展。企业不应该只关注个别税种的税收筹划，还应该全面关注各种税收的规划。同时，企业不应局限于实现短期目标，而应考虑企业的长远发展目标，最终增加企业的整体长远效益。

（六）专业性

一方面，税收筹划是一门涉及税收学、管理学、财务学、会计学、法学等的综合性学问，这需要跨学科的专门人才来从事这项工作；另一方面，随着经济的飞速发展，世界市场的逐渐扩大，以及各国税制的日益复杂化和税收法律、法规的不断更新和变化，单凭某一个人自己的努力在短时间设计一套相对复杂的税收筹划方案，已经越来越难以实现。这不仅促使企业开始建立从事税收筹划的部门，也促进了作为第三产业的税务代理行业的发展。

（七）时效性

世界各国的税收法律、法规都不是固定不变的，而是随着国际、国内的经济环境的变化而不断修订、变革和完善的。这就要求企业一方面要抓住时机，及时充分地利用好法律、法规的优惠政策；另一方面必须密切关注税收法律、法规的发展变化，对原先已经制定或实行的税收筹划的方案及时进行修订、调整或更正。

（八）风险性

由于税收法律、法规的不断调整和变化，企业外界环境因素、企业内部成员因素及其他因素的影响，使得税收筹划结果存在不确定性，不可能有百分之百的成功率。而有的税收筹划是立足于长期规划，长期性则蕴含着更大的风险性。

此外，税收筹划的预期收益往往是一个估算值。因此，税收筹划具有显著的风险性。

第三节 税收筹划的动因及目标

一、税收筹划的动因

（一）税收筹划的内部动因

纳税人之所以有税收筹划的动因，归根结底是经济利益的驱动。市场经济是竞争经济，企业以追求利润最大化为经营目标，企业盈亏直接关系到企业的兴衰存亡。在市场经济体制下，国家与纳税人的经济利益关系主要体现为税收的征缴，税收负担高低直接影响到企业税后利润水平或个人可支配收入的多少。如何减轻或免除税收负担、降低税收成本，是纳税人追求利润最大化的重要途径。随着税收管理法治化、信息化、精细化水平的提高，税收征管力度日益加大，纳税人过去企图通过寻租方式获取税款核定和税收减免方面的利益以及通过违法偷逃税来达到减轻税收负担的途径是不可行的，这就需要纳税人转而通过合法的税收筹划来减轻税收负担，增强竞争优势。

（二）税收筹划的外部动因

纳税人希望通过税收筹划来减轻税收负担的动因，有纳税人的主观原因，但是，纳税人能够进行税收筹划主要还在于具有外部许可的客观条件。具体来说，主要表现为以下四个方面。

1. 税收政策的导向性

国家出于优化产业结构、行业结构、产品结构、区域结构的考虑，一般都会制定相关的产业、行业、区域发展规划，往往会制定相应的税收优惠政策引导市场资源配置的合理流动。用足用好税收优惠政策，既符合国家的政策导向，也能给企业带来减轻或免除税收负担的税收利益，这为纳税人减轻税收负担带来了筹划空间。

2. 纳税义务履行的滞后性

先有涉税业务，后有纳税义务，纳税义务是涉税经济业务发生之后才产生的，如增值税、消费税都是由于交易发生取得销售额或营业额后才需要缴税，而企业销售收入按照税法规定，扣除各项税前扣除项目金额如有应纳税所得额才需要缴纳企业所得税。这就为纳税人在纳税义务尚未发生之前以合法、合理的方式安排、设计、规划进行税收筹划来达到减轻或免除税收负担的目的成为可能。

3. 税收法律的弹性

税收法规的弹性往往也给纳税人进行税收筹划带来有利条件。①纳税人界定的可变通性。如居民纳税人与非居民纳税人的界定，增值税一般纳税人与小规模纳税人的界定，使纳税人可以提前合法、合理地通过税收筹划来选择按较低税收负担的纳税人身份计税、纳税。②课税对象金额的可调整性。如企业所得税以所得额、土地增值税以增值额为计税依据，而所得额、增值额的计算都涉及扣除项目金额的计算问题，纳税人出于减轻税收负担或推迟纳税时间考虑，完全可以通过有意识地调整扣除项目的列支时间来进行税收筹划。③税率上的差别性。税率是衡量税收负担轻重的重要标志，不同的税种适用的税率不同，同一税种不同的税目适用税率也不尽相同。如全额累进税率、超额累进税率、超率累进税率，由于不同档次的边际税率不同，计税依据的增量部分税负较重，特别是全额累进税率在临界点还具有税收负担的突变性特点，这都为纳税人进行税收筹划创造了条件。

4. 税收的国际化

随着经济全球化的趋势增强，跨国投资经营项目日益增多。在跨国经营中，企业虽然面临国际双重征税的风险，但同样也具有在更为广阔的空间内、利用更多样的方法进行税收筹划的可能性。各国税收制度差别较大，不同国家给予跨国投资者的优惠程度各异，双边或多边税收协定的内容也不尽相同，这些都是进行国际税收筹划的直接原因。

二、税收筹划的目标

（一）降低税务风险

税收筹划的基本目标是控制税务风险。企业在税收筹划过程中要领悟税法精神，吃透税法条款。税收筹划与偷税、逃税、漏税在概念上相去甚远，企业开展税收筹划可以过滤、查定、排除税收隐患，并对未来的纳税活动进行谋划，设计规避未来税务风险的操作方案。

（二）挖掘规律性的纳税模式

税收筹划是针对企业个性特征提出的一种纳税优化方案。由于企业经营和运作是有规律的，通过税收筹划可以挖掘最为合适、最为有效的纳税模式，并使之逐步制度化于企业内部管理，发挥税收筹划的长效机制。

虽然企业间差异很大，但反映在纳税问题上却存在着惊人的相似。一旦通过税收筹划成功解决企业的某个问题，就会形成一种成功的创新模式，并可以规律性地推演到其他近似领域。也就是说，在税收领域，许多优秀的纳税模式是可以复制和移植的。

（三）维护企业合法权益

税收筹划把税务负担降到低位作为目标，尽力给企业构造一种更为轻松、自由的税收环境。对企业税务进行合理、合法筹划，可以很大程度上维护企业的合法权益，这可以从以下几个角度得到体现。

（1）税收筹划在一定程度上可以降低企业的税收负担，合理节税。而这种节税效应也是建立在合法基础之上的，没有任何风险存在。

（2）税收筹划在一定程度上挖掘了税收操作的最佳模式，探寻了合理纳税的最优方法。企业应当获得的合法权益，在税收筹划实施过程中，无疑会得到最大程度的保障。

（3）税收筹划承担着维护企业权益的重任，所以对税收筹划的可操作性要求很高，从法律角度维护了纳税操作的有效性和合法性。

企业开展税收筹划的最高目标是实现税收负担最低化。实现税负最低化的一个关键在于从经济观点的角度谋划和安排企业税务事项，由此可以看出，对于企业的税收筹划而言，关键是现金流量、企业收益、资源利用、纳税人所得的最大化。

第四节　税收筹划的类型及原则

一、税收筹划的类型

广义的税收筹划分为三种主要形式：节税筹划、税负转嫁筹划和涉税零风险筹划。

（一）节税筹划

节税筹划是指企业不违反法律本身，不违反法律立法的精神，在国家法律和税收法规允许和鼓励的范围内，采用税法提供的税收优惠或选择用于税务事宜的计划和安排，以通过减少税负来最大化企业价值。根据以上所述，税收筹划不仅要减轻企业的税负，还要通过减轻企业税负进一步把企业价值的价值体现最大化，因此最优的节税筹划就是把企业价值最大化作为目标。

节税筹划的前提是企业不违反法律本身，不违反法律立法精神。规划活动本身及其后果符合税法的初衷，有助于加强税法在纳税领域的地位，从而使政府能够更有效地使用税法，实施宏观调控的税法是政府倡导的行为。

（二）税负转嫁筹划

税负转嫁筹划是指纳税人为了达到减轻税负的目的，通过价格的调整和变动，将税负转嫁给他人承担的经济行为。

典型的税负转嫁是在商品流通过程中，纳税人通过提高销售价格或压低购进价格，将税负转嫁给购买者或供应者。这会导致纳税人和负税人分离，纳税人是法律意义上的纳税主体，负税人（购买者或供应者）是经济上的承担主体，而国家的税收收入并不受到影响。

（三）涉税零风险筹划

涉税零风险筹划是指企业通过做到会计账目清楚，会计核算健全，纳税申报正确，业务流程规范、合理，税款缴纳及时、足额，使其不会出现任何关于税收方面的处罚，即企业在税收方面是处在零风险的状态中。

涉税零风险筹划虽然不能为企业带来直接经济利益的增加额，但能够为企业创造出一定的间接经济利益。这主要表现在：①涉税零风险筹划可以避免涉税风险和损失的出现，从而避免了税务机关的经济处罚；②企业实现涉税零风险还可以避免发生信誉损失，而好的纳税信誉有利于企业的经营；③通过实现企业会计账目清楚，纳税申报正确，缴纳税款及时、足额等，以致企业能够更好运用税收优惠政策等。这些都有利于企业价值最大化目标的实现和企业的长远发展。

涉税零风险筹划有利于形成良好的税收征纳环境，促进经济和社会和谐发展。

二、税收筹划的基本原则

（一）综合性原则

综合性原则是指纳税人不仅要把税收筹划放在整体经营决策中，而且要放在具体的经济环境中加以考虑。税收筹划是为企业整体利益最大化服务的，它是方法和手段，而不是最终目的。因此，企业进行税收筹划，必须对其经营活动整体权衡，才能取得最大的利益。这种整体权衡主要指以下方面：

（1）同时兼顾相关各税种。企业的任何一个经济活动，都会涉及多个税种的课征。

（2）全面考察相关年度的盈亏情况、课税情况及未来发展要求。

（3）应对经济活动参与各方税负情况综合考虑。

（二）经济性原则

经济性原则是指企业进行税收筹划是为了获得整体经济利益，而不是某一环节税收利益。因此企业在税收筹划时要进行成本效益分析，以判断其在经济上是否可行、必要。

税收筹划所获得的整体利益是指它给企业带来的纯经济利益，用公式表示为：

纯经济利益=筹划后的经济利益–筹划前的经济利益

这种税收利益的大小常常与税法、经济环境有很大关系。当企业税收负担重、课税税率高（特别是超额累进税率具有高边际税率）、税收优惠条款复杂时，企业是否采取税收筹划，效果大不一样。税收筹划的成本则包括为进行筹划所花费的时间、精力和财力。由于税收筹划涉及面广，有时需要税务方面的专业人才参与方可成功，因此很多企业聘请税务专家为其筹划，这就有支付税务专家费用的问题。在企业规模越大、经营范围越广、业务越复杂时，所花费的成本也就越高。税收筹划行为选择的标准是：税收筹划收益大于筹划成本时，应当开展税收筹划；税收筹划成本高于收益时，应当放弃税收筹划。

在进行成本效益分析时，还要考虑税收筹划的风险性。无风险时，当然是收益越高越好；但存在风险时，高风险常常伴随着高收益，这时不能简单比较收益大小，还应考虑风险因素以及经过风险调整后的收益大小。税收筹划之所以有风险，与经济环境、国家政策及企业自身活动的不断变动有关。如果一切都可预测、可量化，也就无风险可言。但在现实中，有的税收筹划是立足于长期规划的，长期性则蕴含着较大的风险性。例如，在较长一段时间内，国家可能调整税法，开征一些新税种，减少部分税收优惠；企业预期的盈利由于经济波动、市场疲软而变为亏损，而根据预计盈利情况而设定的筹划则变得不可行；在较长时间内，国家政策也会发生变动；等等。

（三）守法性原则

税法是处理征纳关系的法律规范，是征纳双方共同遵守的法律准绳。纳税人依法纳税，税务机关也依法征税。纳税人如果违反税法的规定，会受到法律惩处；如果有多种纳税方案可供选择时，纳税人合法地选择缴纳低税负的方案，则是无可非议的。因此，守法原则是企业进行税收筹划时首先要遵守的最基本的原则。守法性原则还要求企业正确进行纳税申报、及时足额地缴纳税款。

正确区分合法与非法是极为重要的，税务部门判断企业一项经济行为是否合法的标准通常有以下四个方面。

1. 动机检验

这一标准是税务机关对纳税人经济活动的法律或其他特征以进行的检

验，以确定纳税义务的主要目的或部分目的是否被部分或完全规避。如果税务部门确定纳税人的经济活动和安排的主要目的或部分目的是部分或完全逃避纳税义务，那么这种经济活动和安排是非法的。

2. 人为状态检验

这是在分析税务问题时借用的一个民法概念：如果立法机构有意在一定范围内征税，纳税人一经发现，便可能采用从表面上来看符合税收法规的法律形式，并且基本上违背了实现其目的的立法意图。在这种情况下，法律形式偏离了实际情况，这种合法的法律形式被称为“人为状态”。根据该标准，税务机关可以检查纳税人是否以法律形式违反立法机构的税收意图。

3. 受益检验

受益是指纳税人通过进行某种安排而减少的纳税额或获得的其他税收上的好处。税务部门根据某项经济活动的受益情况，检验其性质。如果一项税收上的好处只是一种特定交易的唯一结果，税务部门则将这项特定的交易判断为非法的；如果一项税收上的好处是某一交易的主要或仅是一部分，税务部门则将这项特定的交易判定合法。

4. 规则检验

这是指税务部门运用具体成文的法律规定来进行检验，看纳税人是否有违规行为。

（四）事前性原则

在经济活动中，企业的纳税义务通常具有滞后性，这就从客观上为纳税人提供了对纳税问题作出事前筹划安排的可能。另外，企业的经营投资和理财活动是多方面的，税收规定也具有较强的针对性。纳税人身份和课税对象的不同，税收待遇也存在差别，这就向纳税人展示了可选择较低税负的机会。总之，纳税义务人进行税收筹划具有现实的可能性。但税收筹划的实施必须在纳税义务发生之前，这也是税收筹划的重要特征之一。

总之，税收筹划是对涉税事宜和纳税活动的一种谋划或规划，值得深入研究。同时还应看到，税收筹划是一项综合性很强的微观经济管理活动，它将财政、税收、财务、法律、管理以及经济学等诸多方面的知识融合在纳税活动中，充分考虑宏观经济政策和企业现实情况，有其复杂性和操作难度。因此，纳税人应在理解和掌握基本方法的基础上，寻求适合自身特点的税收筹划模式。

第四章
税收筹划的思想

第一节　税收筹划的战略思想

税收筹划的战略思想是指在合法、合规的前提下，通过制定和执行长期的税收规划和筹划，优化税务成本，实现最佳税收效益。它强调全局性考虑和长远规划，旨在提高个人或组织的竞争力和财务状况。

一、战略管理与税收筹划的关系

在竞争日益激烈的现代经济社会，战略管理显得越来越重要。战略管理的本质是快速地识别和适应环境变化，为企业持续发展提供路径指南。战略管理决定着企业的现在和未来，决定着企业的兴衰和成败。而税收筹划是企业战略管理的重要组成部分，税收也随着经济的发展而日益成为战略管理中的关键性因素。

战略管理与税收筹划的关系极为密切，两者既相互联系又有所区别。

（一）战略管理决定着税收筹划

战略管理是首要的，税收筹划是为之服务的。税收筹划只有在战略管理的框架下才能充分发挥其作用，税收筹划对企业战略管理能够起到一定积极作用，但绝不是决定性的作用。

（二）战略管理涵盖税收筹划

战略管理是从宏观角度看待问题的，它关注的是企业整体，战略管理不仅考虑税收对企业的影响，还考虑其他非税因素对企业的影响。税收筹划是在企业战略管理中必须考虑的一个很重要的因素。

（三）战略管理与税收筹划目标一致

战略管理和税收筹划有着共同的目标，即都是从企业整体利益出发，为股东创造最大价值。在实现这一目标过程中，税收筹划也明显带有长期战略的特征。

当企业作出是否进入某个行业或某个市场的战略决策时，考虑最多的是该行业或市场的潜力，而不是如何进行税收筹划。尽管也要考虑相关税收政策和税收筹划方案，但这些是附属的、次要的，即不能因为税收因素而改变企业的战略决策。这是一条重要的企业法则。

二、企业战略——税收筹划的思维导向

战略是一个企业为之奋斗的目标及其为达到目标而寻求的途径相结合的产物。如果没有企业战略，任由内部各自为政、各行其是，则无法实现资源配置与战略目标的整合效应。

在探讨企业战略与税收筹划的关系时，必须强调的是：企业战略是首要的，其次才是税收筹划，税收筹划只有在企业战略确定的情况下才能充分发挥其作用。当然，在某些条件下，税收筹划在确定企业战略时能够起到一定的作用，但绝对不是决定性的作用，下面从多个角度分析其原因。

（一）市场超越一切

当企业决定是否进入某个市场时，最看重的是这个市场的潜力如何，企业能否在短期内占领这个市场。比如，许多投资者在考虑投资某一地区

时，其实看重的并不是这一地区适用的优惠税率、优厚待遇，而是广大的消费市场和广阔的发展空间。当然，优惠的税收待遇能够为投资者提供一个良好的竞争环境，但投资者有时为了扩大市场份额，是很少考虑税收成本的，甚至有的投资者为了达到一定的目的，如扩大市场份额、击垮竞争对手、逃避政治经济风险以及获取一定的政治地位等，可能把投资由低税区转向高税区。

（二）税收筹划为企业战略服务

当企业决定是否进入某个行业时，考虑最多的也不是该行业能否享受税收优惠，而是企业进入该行业后能否有长期的发展潜力。在决定是否进入某个行业时，企业要考虑以下问题：

第一，要明确行业的供货方或原料提供者，即上游企业是一些什么性质的企业，与企业选择的厂址的相对位置如何。

第二，要考虑它的潜在市场在哪里，下游企业是一些什么性质的企业，确认潜在市场是处于垄断状态还是竞争状态。

第三，要考虑该行业的潜在进入者有哪些，构成的潜在威胁有多大。

第四，要考虑替代产品或替代服务有哪些，它们是否对本企业构成威胁以及可能的威胁程度如何。

至于税收筹划问题，则应列在这些因素之后考虑。因此，从这个意义上来说，企业战略是税收筹划的导向，税收筹划要为企业战略服务。

（三）企业的战略目标决定了税收筹划的范围

企业在考虑采取某项经营活动时，往往不是从税收筹划的角度出发的，虽然税收筹划能够渗透企业经营管理的每一个环节，但它并不是企业的首要目标，企业存在的唯一理由是盈利，能够为投资者带来收益，而不是进行税收筹划。

三、税收筹划的战略管理方法

（一）税收链

对于一个企业来说，其所从事的经营活动是多种多样的，因此，在生产经营过程中涉及的税种有多种，既有增值税等流转税，又有包括企业所得税和个人所得税的所得税，还有诸如房产税、印花税等税种。如果从企业的生产经营过程来看，其主要活动分为供应、研发、生产、销售等环节，即企业先采购原材料，然后设计和研发产品，继而进行生产加工，最后到市场上销售产品。所有这些环节都为创造价值或实现价值服务，总体来看就构成了产品的价值链。在这条产品的价值链中，有一部分价值是以税收的形式流转的。企业所承担的税收，如果沿着价值流转方向观察，也形成了一个链条，即所谓的“税收链”。

利用“税收链”有利于分析税收的形成过程与环节。对于企业来说，许多税收都是在流程中形成的，所谓税收的流程观其实也就是“税收链”的思想。

如果企业具有“税收链”的观念，就能够找到税收筹划的思路，即与哪些利益相关者合作最有效，在哪个流程应进行怎样的税收筹划。基于“税收链”的企业税收筹划战略，关键是企业在税收筹划时应该具有系统观念，从整体和全局出发，不能仅考虑某一类或几类利益相关者的税收利益，而应该视野更开阔，考虑所有利益相关者的税收利益。

“税收链”思想要求企业从利益相关者视角看问题，不仅要考虑企业自身的税收情况，还要从企业与利益相关者的交易在整个“价值链”上的位置来考虑，这样才能真正利用“税收链”更好地进行税收筹划。

（二）合作博弈——税收筹划的战略管理方法

合作博弈是税收筹划活动中很重要的一个概念，包括企业与企业之间的合作、企业与税务机关之间的合作、企业与客户之间的合作，这种合作并不是双方合谋以获得不正当利益，而是一种正当的行为，可以达到双赢或多赢的效果。

1. 企业与企业之间的合作博弈

企业之间合作的方面主要有六种：一是利用商品交易的筹划，如利用原材料、零部件及机械设备等固定资产的筹划；二是利用提供劳务的筹划；三是利用无形资产的筹划；四是利用租赁业务的筹划；五是利用贷款业务的筹划；六是利用管理费用的筹划。

企业之间的合作博弈在实务运作中主要表现为以下三种形式：一是由一方完全掌握产权或控制权，另一方购买使用权；二是双方逐步通过交易实现产权转让；三是实行委托代理。这三种形式都存在不同程度的税收筹划空间。

2. 企业与客户之间的合作博弈

企业与客户之间的合作也是一种相当重要的合作。按照一般的经营常识，商品最终总要销售给客户，因此企业与客户的合作就具有一定的现实意义。比如装修劳务，到底是由企业方还是客户方提供装修材料，这是可以协商解决的。再如住房出租业务，出租人与承租人在租金额度以及支付方式上也是可以进行协商的。双方的有效合作可以大大降低税负。

3. 企业与税务机关的合作博弈

企业与税务机关之间不但存在着一定的合作，而且这种合作在一定程度上为企业进行税收筹划创造了条件。由于企业的生产经营活动错综复杂，对于税务机关来说，详细地了解每个企业的具体情况，并对每一项经营活动进行监控，就需要花费高昂的成本。如果企业能够就企业经营情况及税收相关问题主动与税务机关沟通、协商，就能够减少两者之间的交易成本。比如，涉及转让定价时，企业可与税务机关商议确定转让定价。许多发达国家税务机关与企业之间签订的预约定价协议就属于这种情况。

四、战略管理思维下的税收筹划空间

（一）税种的税负弹性

所谓税负弹性是指某一具体税种的税负伸缩性大小。一般来讲，某一税种的税负弹性取决于税源的大小和税种的要素构成。税源大的税种，其税负弹性也大。税种的要素指的是税基、税率、扣除额等。企业所得税和个人所得税的税负弹性较大，因为不论税基宽窄、税率高低和扣除额的多少，企业所得税和个人所得税总有一定的弹性幅度。

（二）纳税人定义上的可变通性

纳税人定义上存在一定程度的可变通性，比如，纳税人确实转变了经营内容，所涉及的税种发生变化。

（三）税基的可调整性

不同的课税对象负担着不同的纳税义务，而同一课税对象也存在税基的可调整性，这为纳税方案设计提供了空间。以企业所得税为例，其税基由以下公式计算：

税基=收入总额–不征税收入–免征税收入
–准予扣除项目–以前年度允许弥补的亏损

收入总额可以通过业务进行调节的程度受到业务种类和时间等因素的影响，企业所得税的税基就存在着较大的调整空间，存在着很大的税收筹划空间。

（四）税率的差异性

不同税种的税率之间大多存在一定的差异性，即使是同一税种，适用税率也会因税基或区域不同而有所差异。一般情况下，税率低，应纳税额少，税后利润就多。所以，这就诱发了纳税人寻找低税率的行为。“一税一率”“一目一率”所导致的税率的普遍差异，为税收筹划方案的设计提供了空间。

（五）纳税成本的大小

一般认为，纳税成本仅限于企业为开展税收管理工作所发生的各项成本费用开支。

由于纳税成本的客观存在，它通常会给企业带来投资扭曲风险。而这些方面的纳税成本损失，并不能直接通过会计核算资料得到的。因为这些方面的损失往往表现为潜在的机会成本的损失，是否会发生是难以确定的。正因为如此，它们对企业的影响无疑也是更为重大的。这也是企业在设计税收筹划方案时需要关注的重要因素。

（六）货币时间价值

货币时间价值对企业经营理财效果及税负水平的最深刻的影响表现在现金流量的内在价值差异。企业在设计税收筹划方案时必须利用货币时间价值规律，从现金流角度考虑以下两个方面：一是提高应计现金流入量的收现速度和有效比重；二是在不违反法律法规和不损害企业信誉的前提下尽可能延缓现金支付的时间和速度，控制现金支出的比重。

第二节　税收筹划的风险思想

税收筹划的风险思想是指在税收筹划过程中充分认识和评估可能存在的各种风险，并采取相应的措施来预防和应对这些风险，以确保筹划方案的合法性、合规性和有效性。

一、税收筹划的风险分析

美国著名保险学家特瑞斯·普雷切特将风险定义为“未来结果的变化性”，这里强调的是风险的不确定性特征；另一位美国学者威雷特则强调了风险的客观性特征，他把风险定义为“关于不愿发生的事件发生的不确定性的客观体现”。中国许多学者认为，风险是事件出现损失的可能性，或者更广义地认为是事件实现收益的不确定性。

风险无处不在，纳税人设计税收筹划方案也会存在一定的风险。下面分析税收筹划风险的存在性。

（一）税收筹划方案设计具有主观性

税收筹划方案的形式及其实施，完全取决于纳税人的主观判断，包括对税收政策的理解与判断、对纳税活动的认识与判断等。通常，税收筹划方案操作成功的概率与纳税人的业务素质成正比关系。全面掌握税收、财务、会计、法律等方面的政策与技能，有相当的难度。因而，税收筹划方案的主观风险较大。

（二）税收筹划方案设计具有条件性

税收筹划方案设计要具备一定的条件，税收筹划方案都是在一定条件下设计与确定的，并且也只能在一定条件下才可以实施。税收筹划方案的设计过程实际上就是纳税人根据自身生产经营情况，对税收政策的灵活运用，有时是利用政策的优惠条款，有时是利用政策的弹性空间。而纳税人的经济活动与税收政策等条件都是不断发展变化的，税收筹划方案设计的风险也就不可避免了。

（三）纳税人与税务机关权利与义务的不对称性

税务机关和纳税义务人都是税收法律关系的权利主体，其双方的法律地位是平等的，由于主体双方是行政管理者与被管理者的关系，加之双方掌握的信息不对称，都可能造成纳税人设计的税收筹划方案存在操作风险。

（四）征纳双方对纳税筹划方案认定的差异性

严格意义上的税收筹划方案应当具有合法性，纳税人应当根据法律要求和政策规定设计税收筹划方案。但是由于纳税人生产经营行为的特殊性，税收筹划方案究竟是不是符合税法规定、是否会成功，在很大程度上取决于税务机关对纳税人税收筹划方案的认定，如果纳税人所设计的方案并不符合税法精神，诸如一些“打擦边球”的做法，税务机关可能会视其为避税，甚至当作是逃避税收，那么纳税人会为此而遭受重大损失。

二、筹划方案的相关风险及其计量

（一）筹划方案的两大风险分析

税收筹划方案设计主要涉及两大风险：经营过程中的风险（经营风险、财务风险）和税收政策变动的风险。经营过程中的风险主要是由于企业不能准确预测经营方案的实现所带来的风险，实质上是一种简单的经营风险，即经营过程未实现预期结果而使筹划方案失效的风险。政策变动风险与税法的“刚性”有关，如果税收政策频繁调整，这种政策变动风险就不容忽视。

（二）税收筹划的风险率

按照诺贝尔经济学奖获得者威廉·夏普教授的资本资产定价模型，经济行为的收益与风险成正比，因此税收筹划的风险率可以表述为：

税收筹划的风险率=无风险报酬率+风险报酬率

无风险报酬率一般可以根据国债的利率或同期同类银行存款利率确定；对于税收筹划活动而言，风险报酬率的确定则取决于筹划者的职业判断。

税收筹划方案的实施一般要经过一定时期，所以我们在评价收益效果时应考虑资金的时间价值。资金的时间价值与期望投资报酬率密切相关。在其他条件相同的前提下，风险越大，期望投资报酬率越大，税收筹划收益就越小。

三、筹划方案风险规避与管理

风险管理是经济主体通过对风险的确认和评估，采用合理的经济手段及技术手段对风险加以控制、规避或减小风险损失的一种管理活动。税收筹划方案面临诸多的不确定性及不断变化的规则约束，因此其风险更难于掌控，需要更多的风险管理技巧。

（一）筹划方案风险管理模式

1. 风险规避

风险规避是指为避免风险的发生而拒绝某种行为或某一事件。风险规避是避免风险最彻底的方法，但其只能在相当窄的范围内应用。企业不能为规避风险而彻底放弃税收筹划方案。

2. 风险控制

风险控制是指那些用以使风险程度和频率达到最小化的努力，风险控制的目的在于降低风险发生的可能性，减轻风险损失的程度，包括风险防范的事前、事中和事后控制。

3. 风险转移

风险转移是将风险转嫁给参与风险计划的其他人身上，一般通过合约的形式将风险转移，譬如纳税人可以与税收筹划方案设计者签订最终方案风险责任约定以及其他形式的损失保险合约等风险转移合约。

4. 风险保留

风险保留是风险融资的一种方法，是指遭遇风险的经济主体自我承担风险所带来的经济损失。风险保留的重心在于寻求和吸纳风险融资资金，但这取决于人们对待风险的态度：一种是风险承担，在风险发生后承担损失，但可能因为须承担突如其来的巨大损失而面临财务问题；另一种是为可能出现的风险做准备，在财务上预提风险准备金就是常用的办法之一。

（二）筹划方案风险管理的具体措施

1. 密切关注财税政策的变化，建立税收信息资源库

税收筹划的关键是准确把握税收政策。但税收政策层次多、数量大、变化频繁，掌握起来非常困难。因此，企业可建立税收信息资源库，对适用的政策进行归类、整理、存档，并跟踪政策变化，灵活运用。准确理解和把握税收政策是设计筹划方案的基本前提，也是保证筹划方案质量的基础。

2. 正确区分违法与合法的界限，树立正确的筹划观

依法纳税是纳税人的义务，而合理、合法地筹划涉税问题、科学安排收支，是纳税人的权利。纳税人应树立正确的筹划观：税收筹划不是万能的，其筹划空间和弹性是有限的。

3. 综合衡量税收筹划方案，降低风险

一个好的税收筹划方案应该合理、合法，能够达到预期效果。但是，实施税收筹划方案往往会“牵一发而动全身”，要注意方案对整体税负的影响。税收筹划方案的实施过程还会增加纳税人的相关管理成本，这也是不容忽视的问题。纳税人还要考虑战略规划、税收环境的变迁等风险隐藏因素。

4. 保持筹划方案适度的灵活性

由于纳税人所处的经济环境千差万别，加之税收政策和税收筹划的主客观条件时刻处于变化之中，这就要求在进行税收筹划时，要根据纳税人

的实际情况，制订纳税方案，并保持相当的灵活性，以便随着国家税制、税法、相关政策的改变及预期经济活动的变化随时调整项目投资，对税收筹划方案进行重新审查和评估，适时更新筹划内容，采取措施分散风险，保证税收筹划目标的实现。

5. 具体问题具体分析，切忌盲目照搬

税收筹划虽有一定的规律，但筹划方案设计并没有固定的套路，因为每个企业都是个性的，不存在最好的方案，只有最适合企业特征的方案。针对不同的问题，要因地制宜，具体问题具体分析。

第三节　税收筹划的管理思想

税收筹划的管理思想是指通过有效的管理方法和策略，组织和实施税收筹划活动，以实现最佳的税收效益和财务目标。管理思想强调对税收筹划过程进行规划、组织、协调和控制，以确保筹划活动的高效性、合规性和可持续性。

一、企业的管理模式与税收筹划的关系

税收筹划方案的设计不能离开企业的管理模式，税收筹划方案设计是服从于经济环境和管理的要求的。做好税收筹划方案设计必须从强化管理入手。

企业的发展离不开管理，从国内到国外，每一个成功的企业背后都有

一套完善的管理制度，高效的管理模式是公司得以长足发展的基础。从微软、福特等国际著名企业到中国的联想、海尔，都有自己完善而有效的管理体系。

管理是一项系统工程，管理必须渗透公司的每个部门，如营销管理、采购管理、生产管理、人力资源管理、财务管理等。公司的每一项业务、公司运作的每一个环节都需要管理，不同的管理方式有不同的目的，不同的管理方式有不同的效果。例如，采购管理主要是为了保证原材料最低的价格，保质、保量按时供应，保证生产经营正常进行。生产管理是为了保证在最低的成本约束下，生产出质量最好的产品。

目前企业最缺乏的一种管理就是纳税管理。为什么很多企业在税收上都有困惑？为什么税务稽查过程中很多企业都出问题？主要原因是企业在纳税过程中不规范，缺乏管理造成的。

什么是纳税管理？纳税管理就是企业运用管理的手段，制定各种制度对公司的经营过程加以控制，达到规范纳税行为、规避税收风险的目的。

为什么要对经营过程加以管理来规避税务风险呢？原因在于税务风险是在企业经营管理过程中产生的。比如，销售产品、为客户提供服务会产生增值税，没有这些经营行为就不会产生税收，不同的行为产生了不同的税收。因此，企业要对经营业务及其过程进行管理，运用现行税收政策，制定与其相适应的管理制度对经营过程进行控制、调整达到规避税务风险的目的，这就是所说的税收筹划方案的设计离不开企业的管理模式。

二、会计管理对税收筹划的影响

会计管理在跨国公司的最新发展表明，越是崇尚业务与财务活动相结合的企业，其会计管理越有成效。企业进行税收筹划时也需要与业务流程相结合，要考虑不同方案的显性税收、隐性税收以及非税成本等因素的影响。

企业的会计管理会对税收筹划产生一定的影响，税收筹划受到会计管理活动的约束。因为经营活动和会计管理活动密不可分，而税收是经营活动引起的，如果没有经营活动也就没有税收筹划问题。

三、管理活动中的税收筹划

管理活动在企业运作中极为重要，下面我们从利润分配、市场营销、薪酬激励等方面的管理，来进一步谈谈管理活动是如何影响税收筹划的，以及税收筹划方案设计中应如何考虑管理问题。这里仅以利润分配、市场营销和薪酬激励等三个方面为例进行分析。

（一）利润分配的管理

不同的利润分配政策虽然不会对公司本身的所得税负担产生影响，但会影响公司投资者的税收负担。如果公司选择合适的分配政策，则可以使投资者减轻税负。

在税收筹划方案设计时，应考虑不同利润分配策略的差别，选择最优策略。

（二）市场营销的管理

在信息时代，市场营销变得非常重要，市场争夺战愈演愈烈。为了开拓市场，折扣销售和销售折扣已经成为企业惯用的手段。各种代销或直销的销售方式屡见不鲜，各种名目的佣金与手续费层出不穷。市场营销手段多种多样，广告促销、网络促销等方式被广泛采用。

在设计税收筹划方案时，不能忽略市场营销的形式和手段对税收的影响，至少要从以下方面着手：

第一，销售折扣及其变化模式的税收筹划方案设计。

第二，销售方式及结算方式的税收筹划方案设计。

第三，市场营销活动（如广告促销、展览会促销等）的税收筹划方案设计。

第四，运输费用及保险费用的税收筹划方案设计。

（三）薪酬激励的管理

企业发展的关键是人才，越来越多的企业网罗人才，并建立完善的薪酬体系激励员工。由于税收对收入具有调节作用，企业在制定薪酬激励方案时，必须考虑税负问题。因此，薪酬管理也离不开税收筹划，企业应当发挥薪酬的效能，最大程度地激励员工。如果用不好薪酬这个杠杆，不仅起不到激励的作用，还可能适得其反。

第四节　税收筹划的设计思想

税收筹划的设计思想是指在制定税收筹划方案时，充分考虑企业或个人的实际情况和目标需求，提出切实可行的策略和措施。税收筹划的设计思想包括以下十个方面。

一、定制化设计

税收筹划的设计思想强调针对具体企业或个人的实际情况和目标需求进行定制化设计。通过深入了解企业或个人的财务状况、业务模式、资产结构等因素，制定符合其实际情况的税收筹划方案，最大限度地实现税收筹划效果。

二、多维度考虑

设计思想强调综合考虑多个因素，如税务政策、法律法规、市场环境等。设计方案需要在合法合规的前提下，充分利用税收政策的灵活性和优惠措施，适应市场环境的变化，实现最佳税收效益。

三、创新与协同

设计思想鼓励创新性的税收筹划方案，并注重不同税种之间的协同效应。通过整合各种税收优惠政策及跨领域的筹划方式，实现税收筹划的目标。

四、可持续性考虑

设计思想强调考虑税收筹划方案长期的可持续性，避免过度依赖一时的税收优惠政策，以免面临风险和法律问题。设计方案应基于长期发展目标，具备可持续的效果，适应税收政策和市场环境的变化。

五、透明度与合规性

设计思想强调税收筹划方案的透明度和合规性，确保在合法合规的框架下进行税收筹划。税收筹划方案应符合相关法律法规和税务机关的监管要求，以免面临法律风险和信誉风险。

六、资产保护

设计思想强调在税收筹划方案中考虑资产保护的因素。除了追求税收效益，税收筹划方案还应关注如何合理规避或降低资产风险。通过合理的资产配置和保护措施，确保个人或组织的财产免受损失。

七、国际化视野

设计思想要求在跨国税收筹划方案中考虑国际化视野。对于跨国企业或个人而言，税收筹划涉及多个国家的税法和税收政策。税收筹划方案应综合考虑国际税收体系、税收协定和双重征税等因素，以实现最优的国际税收效益。

八、时机把握

设计思想强调把握时机，及时调整筹划方案。税法和税收政策随时可能发生变化，市场环境也会不断演变。设计方案应灵活应对，根据时机调整筹划策略，以适应新的法规和市场要求，实现最佳的税收效益。

九、持续监测

设计思想要求对税收筹划方案进行持续监测和评估。税收筹划并非一次性的活动，而是一个持续的过程。税收筹划方案实施后，企业要对其进行监测，评估其实际效果并根据需要进行调整和优化，以确保筹划效果的可持续性。

十、整体性管理

设计思想鼓励将税收筹划纳入企业或个人的整体管理体系中。税收筹划应与财务管理、风险管理、战略规划等方面相结合，形成一体化的管理模式。通过整体性管理，企业可以更好地协调和平衡税收筹划与其他管理目标之间的关系，实现整体效益的最大化。

第五章
税收筹划的理论透视

第一节　税收筹划的基本原理

一、“经济人”假设

“经济人”假设这一理论是研究税收筹划的基本假设前提。“经济人”假设是西方经济学分析人类经济行为的一个基本假定。

“经济人”假设最早可追溯到1776年亚当·斯密在《国富论》中的表述。亚当·斯密认为“利己性”是“经济人”的本性，“利己心”是每个人从事经济活动的动机。1844年，约翰·斯图亚特·穆勒在《论政治经济学的若干未决问题》中第一次较为明确地提出了“经济人”的假设。穆勒等人认为，“经济人”是会计算、有创造性并能获得最大利益的人。因此，“经济人”作为经济生活中一般人的抽象，其本性被假定为利己的。“经济人”在一切经济活动中的行为都是合乎理性的，即力图以最小的经济代价去追寻和获得自身最大的经济利益。对企业来说，就是力图以最小的经济代价去追求所有者财富最大化，或者说追求企业价值最大化。

税收筹划的主体是纳税人，纳税人作为社会经济生活中的细胞，扮演着经济人的角色，努力追求自身价值的最大化。在收益一定的情况下，税收作为纳税人的一项成本，理性的纳税人总是通过各种方法来实现应纳税额的最小化和税后收益的最大化。但是，纳税人在追求税后收益最大化的过程中，又受到社会经济生活中诸多因素的制约，由此决定了它只能在不违反法律的范围内对自己的经济行为作出预测，制定适当的方案、决策。因此对于理性的纳税人来说，税收筹划就是其实现收益目标的最佳手段。

二、“公共物品”理论

萨缪尔森认为，公共物品是指每个人对它的消费不会减少其他人对该产品的消费量的物品。政府的主要职能之一是提供社会发展所需要的公共物品。由于提供公共物品需要耗费资金，政府需要通过向社会成员（纳税人）征税来补偿。政府可以看成公共物品的提供者，是卖方，而纳税人是公共物品的消费者，是买方。纳税人向政府缴纳税收，同时获得公共物品，税收是纳税人为享受政府提供的公共物品而支付的费用。实际上，在西方通常将税收称为“公共物品的价格”。

公共物品有两个重要特征。一是非排他性。非排他性意味着任何人消费公共物品不能阻止其他人的使用。一旦公共物品生产出来，任何人都可以自由地消费而不需经过其他人或组织许可。二是非竞争性。非竞争性是指消费者的增加不会引起公共物品生产成本的增加，即多一个消费者引起的社会边际成本为零，并且增加一名消费者并不减少可供他人消费的数量。正是因为公共物品具有非排他性和非竞争性，才给市场带来一些问题。一方面，纳税人所支付的税收与享受的公共物品价格往往不能对等；另一方面，纳税人想不付出任何代价或少付出代价来享受公共物品提供的服务。这便出现了“免费乘车”问题。

纳税人作为税收筹划的主体，是社会公共物品的消费者。一方面，由于公共物品具有非排他性，因此享受公共产品的权利并不取决于该税收筹划主体是否支付以及支付多少税款，这就意味着经济组织缴税的多少并不影响其对公共物品享用的权利，因此作为“经济人”的税收筹划主体总是希望以最小的成本享有公共产品带来的最大利益，这就为税收筹划提供了筹划动机。另一方面，由于公共物品的非竞争性及“免费乘车”现象的存在，使经济组织作为个体不会因为少缴税而减少其从公共物品中受益的份额，税收筹划主体也产生了卸责念头，使其在保证受益份额前提下总是尽可能地减少自己要支付的公共物品价格——税收，实现其价值最大化，这就必然产生税收筹划。

三、契约论

契约，是指有关规划将来交换过程的当事人之间的各种关系。诺贝尔经济学奖得主罗纳德·科斯于 1937 年将企业的性质概括为“企业是生产要素的交易，确切地说是劳动与资本的长期权威性的契约关系”。之后，许多专家对上述理论进行了拓展，并指出企业是“一系列契约的联结”；从整体来看，企业是众多契约组合而成的大契约，它包括企业与企业、企业与个人（个人投资者、个人债权人、经营者、职工等）、企业与政府之间的契约；不同契约之间不可避免地存在着利益冲突，在同一契约里，各契约关系人也存在着利益冲突。一般来说，企业同它的各方利益人——股东、供应商、顾客、信贷方、职工等，均有一个契约。在这些契约中，许多利益关系人从企业取得的报酬是一种事先确定的份额。而股东处于一种特殊地位，其收入必须在企业支付其他利益关系人之后才能取得，这笔收入是多少事先并没有一个确定的份额，这就使股东有动力要求经营者在日常的生产经营过程中，通过增加收益以及降低成本费用来实现股东利益最大化。而若考虑税收因素的话，企业与政府间的税务契约就属于上述这“一系列契约”中的一个。股东为了自身利益的最大化，要求经营者通过税收筹划来减轻税收负担、增加税后收益也是理所当然的。

四、博弈论

博弈论研究决策主体间的行为发生直接相互作用时的决策以及这种决策的均衡问题。根据博弈理论，参与博弈的群体在给定其他人战略的条件下选择自己的最优战略，所有参与人选择的战略一起构成一个战略组合，任何参与人要改变这一战略组合都可能导致降低自身的效用水平（或只能保持原有的效用水平），因而任何参与人都没有积极去改变这一战略组合，这一战略组合称为该博弈的“纳什均衡”（以经济学家约翰·纳什命名）。从博弈论的角度来看，企业进行税收筹划博弈的双方是企业和税务机关，两者成为矛盾对立统一的两个方面。博弈论的原理表明，在博弈的过程中，博弈双方可以达成一定的协议即“纳什均衡”，而协议被遵守的前提是遵守协议的收益大于破坏协议的收益。在追求自身利益最大化的驱动下，博弈双方都有不遵守协议的动机，那么协议的制定就成为问题的关键。税收契约就是博弈双方的协议。

第二节 税收筹划的方法解读

一、纳税人筹划法

纳税人也称纳税义务人，指税法规定的直接负有纳税义务的单位和个人，有时也称为纳税主体。纳税人可以是法人也可以是自然人。每一种税都有关于纳税人的规定，如果纳税人不履行纳税义务，就需要承担法律责任。纳税人是税制的一个基本要素。

纳税人筹划法，从实质上来说是对纳税人身份的合理定义或转变，使纳税人的税负最小化或减少到最低限度，或直接避免成为某税种的纳税人。纳税人筹划可以合理地减轻税负，方法简单易行，操作方便。纳税人筹划技术的关键是准确把握纳税人的内涵和外延，合理确定纳税人的范围。

（一）纳税人不同类型的选择

从纳税人性质角度分析，现阶段我国有多种不同性质的纳税人：个体工商户、个人独资企业、合伙企业和公司制企业等。不同性质的纳税人所使用的税收政策存在很大差异，这给税收筹划提供了极大的空间。

当然，纳税人应充分考虑税收筹划的各个方面，因为选择不同形式的业务，其业务风险也是不同的：个人独资企业和合伙企业承担无限责任，风险相对较大，而有限责任公司，只承担有限的责任，风险相对来说较小。

（二）不同纳税人之间的转化

由于不同纳税人之间存在税负差异，所以有条件的企业可以采取转变纳税人身份的办法来合理节税。

税法规定，增值税纳税人分为一般纳税人和小规模纳税人。对这两类纳税人征税时，税收方法和征收管理要求是不同的。年度应税销售额超过小规模纳税人标准的个人、非企业单位以及不定期纳税的企业，适用简易征税办法。年度应税销售额不超过标准的，从事货物生产或者提供劳务的小企业、企业单位应当有完善的账簿、准确的核算，并提供产品税和进项税，并报告相关的税务信息。税务部门可以在企业申请后将其识别为一般纳税人。一般纳税人实行进项税减免制度，而小规模纳税人必须按照适用的简易计税办法计算增值税，不实行进项税减免制度。

一般情况下，小规模纳税人的税负比一般纳税人略重。原因是一般纳税人可以扣除进项税额，特别是当应税销售增长率很小时，一般纳税人的税负明显低于小规模纳税人。但这不是绝对的，有必要将两类纳税人的应税销售增值率与税收平衡点进行比较，合理合法地选择税负较轻的纳税人身份。

纳税人之间的转化一般存在多种情况，比如增值税一般纳税人和小规模纳税人之间的转变，可以实现筹划节税。

（三）避免成为某种纳税人

纳税人可以通过灵活运作，使企业不符合成为某税种的纳税人的条件，从而彻底规避税收。比如，在企业内部设立的一些内部组织或附属组织，不属于企业所得税的纳税人；不具有独立法人资格的分公司或分支机构也不是企业所得税的纳税人，但具备独立法人资格的子公司则属于企业所得税的纳税人。

二、税基筹划法

税基就是计税依据，是计算税金的基本依据。不同税种其税基计算方法不同。税基筹划法是指纳税人通过控制计税依据的方式来减轻税收负担的一种筹划方法。

大多数税种使用税基和适用税率的乘积来计算应付税额。在税率一定的情况下，应纳税额与税基的大小之间存在正比例关系，也就是说，税基越小，纳税人的税额就相对越少。反之，税基越大，纳税人所承担的税额就越多。由此来看，如果能够对税基进行控制，就相当于控制了应纳税额。

（一）控制或安排税基的实现时间

1. 税基均衡实现

税基均衡实现即税基总量不变，税基在各个纳税期间均衡实现；在适用累进税率的情况下，还可实现边际税率的最小化，从而大幅降低税负。

2. 税基提前实现

税基提前实现即税基总量不变，税基合法提前实现。在减免税期间，税基提前实现可以享受更多的税收减免额。

3. 税基推迟实现

税基推迟实现即税基总量不变，合法推迟税基的实现时间。税基推迟可以实现递延纳税；在通货膨胀环境下，税基推迟实现的效果更为明显，能够降低未来支付税款的购买力。

（二）分解税基

分解税基是指把税基进行合理分解，实现税基从税负较重的形式转化为税负较轻的形式。

（三）税基最小化

税基最小化是指税基总量合法降低，从而减少应纳税额或者避免多缴税。这是企业所得税、增值税等税种筹划常用的方法。

三、税率筹划法

税率筹划法是指纳税人通过降低适用税率来减轻税负的一种税收筹划方法。税率是决定纳税人所承担税负的重要税收因素之一。在一定税基的情况下，税额与税率成正相关关系，即降低税率相当于减轻税负。这是税率计划的原则。在正常情况下，税率低，应纳税额就小，税后利润就多。但是，税率低，无法保证税后利润最大化。

即使是相同的税种，由于不同的税基或其他假设，适用的税率也会相应变化，纳税人可以通过改变税基分布来对税率做出相应的调整，最终达到减轻税负的目的。

（一）比例税率筹划法

同一税种下，不同的征税对象适用不同的税收政策，分析产生这种差距的原因以及对税后利润的影响，可以找到最小税负或最佳税负点，以获取最大化税后利润。此外，消费税、个人所得税、企业所得税等税种所适用的税率比例是不同的，企业纳税人或个人纳税人可以进一步对此进行筹划，尽量选择较低的税率以节约税金。

（二）累进税率筹划法

企业可以采取措施对各种形式的累进税率进行筹划，筹划累进税率主要是为了降低税率。其中，纳税人适用过高的累进税率，对阻止税率上升的愿望较弱，适用全额累进税率的纳税人有更高的防止税率上升的愿望；纳税人采用累进税率是希望税率上升程度与超额累进税率有所差异。

四、税收优惠筹划法

（一）税收优惠的形式

1. 免税

免税是国家对特定地区、行业、企业或特定纳税人、应税项目等给予完全免税的关怀或激励措施。免税属于国家的税收减免模式，也是一种税收激励方式，它是实施国家政治、经济和社会政策的重要手段。我国对从事农业、林业、畜牧业和渔业生产经营的企业免税是一种产业关怀或激励。各地都可以看到国家税法中的免税激励措施，它是各国税收制度不可分割的一部分，是采用免税政策进行节税的法律依据。

2. 减税

减税是鼓励或关心某些纳税人或对纳税对象予以照顾的一项特殊措施。减税与免税相似，从实质上来说相当于财政补贴。政府主要向纳税人提供两种减税方式：一种是出于税收目的的减税。例如，国家在遭受自然灾害的地区削减对企业和残疾人的税收，这种减税是一种税收减免形式。

另一种是用于税收激励目的的减税。例如，对产品出口商、高科技公司、环保项目等进行减税，这种减税是一种税收激励措施，是对纳税人实施的财政激励措施。

3. 免征额

免征额，也称扣除金额，是指税收对象总额中免税的金额。它是根据一定标准从应税对象的总金额中提前扣除的金额。免征额部分不征税，只有超出免征额的部分才会相应地征税。

4. 起征点

起征点也称征税起点，是根据征税对象的数量，规定一个标准，达到这个标准的就征税，如果达不到这个标准就不征收税款。

5. 退税

退税是指可以直接减轻纳税人税收负担的那一部分退税。在国际贸易中，退税是鼓励出口的一种有效措施。

6. 优惠税率

优惠税率是指对符合条件的产业、企业或项目课以较低的税率。优惠税率有利于吸引外部投资、加快该产业的发展。

7. 税收抵免

对纳税人的境内、境外全部所得计征所得税时，准予在税法规定的限度内以其国外已纳税款抵减其应纳税款，以避免重复课税。

（二）优惠政策筹划法

优惠政策是一种特殊的政策，反映了国家对某些行业或某些领域的税收关怀。优惠政策的筹划可以使纳税人轻松享受低税收待遇。优惠政策筹划的关键是找到合适的优惠政策，并将其应用于税收实践。在某些情况下，它也体现在创造享受优惠政策和减轻税负的条件。

优惠政策规定主要体现在行业、区域优惠政策或具体行为、特殊时期的优惠政策，如福利企业的减税和免税政策、软件企业的税收优惠、环保节能和节水项目等。

五、会计政策筹划法

会计政策是会计核算时所遵循的基本原则以及所采纳的具体处理方法和程序。不同的会计政策必然会形成不同的财务结果，也必然会导致不同的税收负担。

会计政策在形式上表现为会计过程的一种技术规范，但从本质上来说，其是一项社会经济和政治利益之间相互博弈的规则和制度安排。企业如果选择的会计政策不同，那么其取得的财务结果和税务结果会有一定的差异，同时会对利益相关者产生不同的影响。会计政策是会计的生命，因为企业存在会计政策选择的空间，才使企业的涉税活动变幻无穷，丰富多彩。当企业有多种可供选择的会计政策时，合法、合规、合理选择能够让企业在税后获得最大收益的会计政策是税收筹划的基本方法，也是最应该采取的方法。

（一）分摊筹划法

对于一项费用，如果涉及多个分摊对象，则分摊基础的差异将导致不同的分摊结果；对于摊销费用，如果摊销期和摊销方法不同，摊销结果也将有所差异。

分摊的处理会影响企业损益计量和资产计价，进而影响企业的实际税负情况。

分摊筹划法涉及的主要会计事项有：无形资产摊销、待摊费用摊销、固定资产折旧、存货计价方法选择以及间接费用的分配等。

（二）会计估计筹划法

企业在生产经营过程中存在很多无法确定的因素，有些项目无法进行准确的计量，只能估算。因此，在会计核算过程中，有必要估计仍在进行中且其结果尚未确定的交易或事项的账目。此类会计估计会影响特定会计期间的收入或支出金额，进而影响企业的税务负担。

会计估计筹划方法涉及的主要会计项目为：坏账估计、存货跌价估计、折旧期估计、固定资产净残值估计和无形资产收益期估计等。

六、税负转嫁筹划法

在利益因素的驱动下，市场经济环境下的纳税人可通过各种渠道和方法将部分或全部税负转移给他人。所以说，税负转嫁行为可以被视为市场实体之间的一种博弈行为。

税负转嫁是一种税收支付行为，可以在悄无声息中降低企业的税收负担。税负转嫁筹划的就是通过价格这一平台来运作的，基本的运作原则是利用价格波动和价格分解来转移或避免税负。能否通过价格波动实现税负转移计划取决于商品的供给弹性和需求弹性，而价格分解的方法更加巧妙。

税负转嫁需要明确以下几点：①税负转嫁问题与商品价格直接挂钩，

与价格无关的因素不能纳入税收转移范围；②税负转嫁是一个客观的过程，没有税收的转移过程不能作为税负转嫁；③税负转嫁应理解为纳税人的积极行为，与纳税人的积极行为无关的价格再分配性质的价值转移不能作为税负转嫁。

税负转嫁意味着税务负担的实际承担者不是直接缴纳税款人，而是由其背后的人或潜在的替代者支付。税款的直接纳税人向他人转嫁税款负担，只是税务部门和实际纳税人之间的中间桥梁。由于税负转嫁不会损害国家利益，也不是违法行为，税负转嫁筹划方通常来说比较受纳税人的青睐，利用税负转嫁筹划减轻纳税人的税负在税收领域已成为一种普遍的经济现象。

（一）税负前转筹划法

纳税人通过提高商品价格将他们承担的税款转移给购买者或最终消费者，这是最典型和最普遍的税收转嫁形式。例如，生产企业可以通过提高商品的出厂价格将税负转嫁给批发商，然后批发商以类似的方式将其转嫁给零售商，零售商最终将税收负担转嫁给最终消费者。这种减税方法一般适用于市场紧俏的生产要素或知名品牌产品。

税负前转就是以价格为转让平台，税负前转法运作起来灵巧有效，有时可以起到“四两拨千斤”的奇妙效果。

税负前转筹划法很难转移企业的所有税负。在现实实践中能够通过这一方法进行减轻税收负担的，主要是很难检查税源的商品，即那些无法确定最终税收负担的税种。例如，对卷烟征收的消费税，卷烟消费者实际上是卷烟消费税的负担者，但由于每包卷烟的消费者（或购买者）无法提前确定，只能以卷烟为标准，以其制造者和卖方作为纳税人，税负由制造商和销售者转移给消费者和购买者。与卷烟消费税类似，还有其他消费税、关税等。它们的共同点是税收可以加到商品价格上，税收负担可以通过提高价格来转移给消费者。

（二）税负后转筹划法

税负后转筹划法主要与货物的流通有关。通过降低生产要素的购买价格、降低工资或其他的转嫁方式，纳税人将税收负担转移到提供生产要素的企业。在这种情况下，纳税人的税负不能因各种原因转嫁给购买者和消费者，而是转嫁给货物的供应商和生产者。例如，在批发商缴纳税款之后，由于商品的价格下降，很难将税收转移到零售商，因此，批发商要求向制造商退回产品或要求制造商承担全部或部分税负，这个时候就发生税负后传。通常来说，税负后传筹划法适用于生产要素或商品积压时的买方市场。

第三节　税收筹划的技术分析

一、节税筹划技术

节税筹划技术包括下列八种基本技术。

（一）免税技术

免税技术是指在法律允许的范围内，使纳税人成为免税人，或使纳税人从事免税活动（免税行为），或使征税对象成为免税对象而免予纳税的技术。免税方式分为法定免税、特定免税和临时免税三种。

（二）减税技术

减税技术是指在法律允许的范围内，使纳税人减少应纳税额而直接节税的技术。

（三）税率差异技术

税率差异技术是指在法律允许的范围内，利用税率的差异而直接降低税负的技术。这里的税率差异包括税率的地区差异、国别差异、行业差异、企业类型差异等。

（四）分割技术

分割技术是指在法律允许的范围内，使所得财产在两个或更多个纳税人之间进行分割而直接降低税负的技术。

（五）扣除技术

扣除技术是指在法律允许的范围内，使扣除额、宽免额、冲抵额等尽量增加而直接降低税负，或调整各个计税期的扣除额而相对节税的技术。

（六）抵免技术

抵免技术是指在法律允许的范围内，使税收抵免额增加而绝对节税的技术。

（七）延期纳税技术

延期纳税技术是指在法律允许的范围内，使纳税人延期缴纳税款而相对节税的技术。延期纳税虽然不能减少纳税人的应纳税额，但对纳税人而言，相当于获得一笔无息贷款，获得了资金的时间价值。

（八）退税技术

退税技术是指在法律允许的范围内，使税务机关退还纳税人已纳税款而直接节税的技术。

二、降低计税依据及适用税率筹划技术

从降低计税依据、降低适用税率两方面筹划，常见的技术有以下几种。

（一）成本（费用）调整技术

成本（费用）调整技术是指通过对成本（费用）的合理调整或分配（摊销），抵销收益、减少利润，以达到规避纳税义务的避税方法，适用于各类企业、各种经济实体。

（二）融资（筹资）技术

融资（筹资）技术是指利用融资技术使企业达到最大获利水平和税负最小的技术。

（三）租赁技术

对承租方而言，既可以避免因长期拥有机器设备而增加负担和承担风险，又可以在经营活动中以支付租金的方式冲减企业利润，减少应纳税额；对出租方而言，不必为如何使用这些设备及提高利用效率而费心，获得的租金收入通常比经营利润享受较优惠的税收待遇，也是一种减轻税负的行为。

第四节 税收筹划的一般流程

一、准备阶段

（一）熟悉掌握有关法律规定

1. 具备相关法律知识

我国税法规定的内容相当复杂且经常变动，而纳税人自身的条件也在不断变化，纳税人想要实现税负最小化，有效地运用税收筹划策略，就必须熟悉国家税收法律法规的相关规定。对于承接业务的每一个具体的筹划委托，税收筹划人都必须有针对性地了解所涉及的所有法律规定的细节。

2. 了解主管部门对税收征管的要求

理解法律精神，掌握政策尺度，学习和掌握国家税法精神，全面理解税务机关对税收征管的要求和执法实践，是一项重要的税收筹划前提工作。在不同国家，对于同一筹划行为的合法性具有不同的看法，有的国家执法比较宽松，未禁止的则为合法，有的国家又比较严厉，法律没有明确规定的即视为违法，因此，对于税收筹划来说，熟悉税法的执法环境是非常重要的。纳税人可以从税务机关组织和管理税收活动及裁决税法纠纷中了解主管部门对税收征管的要求，这是税收筹划的准备阶段很重要的一步。

（二）了解和调查纳税人情况

1. 基本情况

基本情况包括企业的组织形式、成立日期、经营范围等。不同企业组织形式的纳税税种、纳税金额、申报纳税的方法都会有所不同，所以了解企业的组织形式可以对不同企业进行有针对性的筹划。例如，企业是股份有限公司，在取得收入之后，除了缴纳流转税，还需缴纳企业所得税；如果企业是个人独资企业，那么其不需缴纳企业所得税。企业的组织形式对于企业的纳税影响非常大，在了解企业的组织形式之外，还需要了解企业内部的机构组成。

2. 财务情况

企业的税收筹划要合理合法地节减税收，只有在全面了解纳税人的财务情况之后，才能制订出切实可行的筹划方案。财务状况不仅可以反映纳税人的经营状况与纳税能力，也能反映其存在的潜在风险。需要注意的是，不管最后是否成功签订筹划合同，税收筹划者都应对纳税人的财务资料保密，这是最基本的职业道德需求。

3. 纳税情况

了解纳税人以前和目前的纳税情况，包括各种纳税申报、所纳税种、纳税金额等，对未来制订筹划方案具有很大的借鉴作用。

4. 投资意向

企业的各种投资有时可以享受税收优惠，投资额也会享受不同优惠。我国税法体系之中，对于例如高科技、第三产业的投资方向有所引导。了解纳税人企业的投资意向可从产业优惠方面对其提出筹划建议。

5. 风险态度

节税与风险并存。不同企业对于风险的态度不同，有的企业领导往往愿意冒更大的风险去节减最多的税，而有的企业领导比较稳健，希望在最小的风险之下节减税收。了解企业的风险态度，可以制订出更加符合企业实际的筹划方案。

二、筹划阶段

（一）税收筹划方案分析

在了解和掌握纳税人相关信息之后，税收筹划者会根据其实际情况和要求，制订多个筹划方案。筹划者将各个方案逐一列示，然后对其进行一系列的分析，主要包括以下内容。

1. 法定分析

税收筹划方案的首要原则即是法定原则，一定要在法律允许的范围内进行。因此，对于设计的税收筹划方案首先进行法定分析，避免以后可能产生的各种法律纠纷。

2. 可行性分析

在多个税收筹划方案之中，必须考虑方案的可行性。因为每个方案的实施，都必须具备多方面的条件。这里包括实施的时间选择、企业会计人员素质以及企业未来发展的趋势等。

3. 成本效益分析

每一个税收筹划方案都有其成本，如果一个方案所获得利益小于为设计和执行此方案而花费的成本时，这一方案就不可行。税收筹划存在着三种成本：一是筹划成本，包括人员成本和信息成本；二是实施成本，是落实税收筹划方案的成本；三是风险成本，是一旦筹划失败，纳税人所承担的成本，这是一种潜在成本。所以对于各种方案必须进行成本效益分析，综合比较，选出最优方案。

（二）税收筹划方案选择

在上述分析的基础上，接下来的工作就是进行方案的选择。筹划者在敲定方案时要考虑以下因素：一是选择节税最多或可获得最大财务利益的方案；二是选择节税成本最低的方案；三是选择执行最为便利的方案。其中，也应充分考虑纳税人的意愿，听取纳税人的意见，并根据其意见不断进行调整和修改，形成最终的税收筹划方案。

三、实施阶段

（一）税收筹划方案的实施

税收筹划方案选定之后，即进入实施阶段。每一个税收筹划方案都涉及企业的多个部门和人员，包括企业的会计人员、办税人员以及财务总监。因此在税收筹划方案实施之前，必须做好各个部门与人员之间的沟通与协调，以保证税收筹划活动顺利展开。同时，企业也应按照选定的税收筹划方案对自己的基本情况，例如纳税人身份、组织形式等作出相应调整，并且记录税收筹划方案的收益情况。

（二）税收筹划方案的反馈

在税收筹划方案实施过程中，受托方还要通过一定的信息反馈来了解方案执行情况，以保证方案顺利进行并取得预期效果。当与预期出现差异时，筹划者必须通过反馈信息及时对原有方案进行调整或者修订，弥补由于环境改变或者方案自身不足而引起的问题，从而保证税收筹划方案的顺利实施。

第六章
税收筹划风险的管理与防范

第一节　税收筹划风险概述

一、税收筹划风险的概念

税收筹划是合理、合法、合规的，与避税、偷税、逃税、漏税不同。税收筹划风险是指企业的税收筹划行为因为经济、社会、法律等环境因素的变化所导致的企业税收筹划方案的失败及未来经济或其他利益的可能损失，具体表现为企业税收筹划行为中对税法的理解和运用的偏差及外界不确定因素的影响，最终导致企业少缴税款，引发税务管理机关对其进行处罚所需支付的巨额罚款等。纳税是每个企业经营过程中不可回避的问题，税收筹划可以降低企业的实际税收负担，但企业必须面对税收筹划风险。

税收筹划风险不同于一般商业风险。从商业角度讲，风险越大，可能的损失越大，同时意味着收益越多。但税收筹划风险却是个例外，企业的税收筹划风险对企业而言只是净损失。如果企业由于税收筹划的原因少缴了应纳税款，税务机关将保留无限期追索的权力，一旦被检查出来，企业除需补缴税款外，还将承担巨额的罚款和滞纳金，甚至还要付出负刑事责任的代价。

二、税收筹划风险的特征

（一）客观性

决定企业或纳税人做出税收筹划决策的条件主要有两个方面：一是企业或纳税人所从事的经济活动；二是企业所处的税收环境，即相关税收法规与政策。税收筹划的过程实际上就是企业或纳税人在相关税收政策影响下对经济行为所进行的策划与安排。然而，企业的经营行为和所依据的税收法规、政策都是在不断发展变化的，所以，税收筹划风险是客观存在且不可避免的。

（二）主观相关性

税收筹划风险的主观相关性是指税收筹划风险发生与否和造成损失的程度对于面临风险的不同行为主体会产生不同的风险效果，而同一行为主体由于其决策或采用的策略不同，也会导致不同的风险。实际上，税收筹划风险事件的发生是受主观和客观条件影响的。对于客观条件，筹划主体无法自由选择，只能在一定程度上施加影响，主观条件（即筹划主体的行为及决策）则可自主选择。

（三）复杂性

税收筹划风险具有复杂性，主要是由两个方面决定的：一方面，税收筹划风险的形成原因是复杂的，有客观环境造成的，如社会经济环境和国家政策法规等客观因素的变化；也有主观认识造成的，如筹划人缺少对风险的判别，不了解相关的税收法律法规，甚至违反了国家法律法规。另一方面，税收筹划风险带来的结果是复杂的。企业税收筹划方案失败是由多方面原因造成的，如内外部环境的变化导致筹划方案不适应变化了的环境。税收筹划失败除了会给企业带来经济上的损失外，还会使企业的名誉受损，如果企业处理不当的话，甚至会影响企业未来的发展。

（四）潜在性

税收筹划风险的潜在性是指税收筹划风险的可能性和不确定性。税收筹划风险是客观存在的，不易做出精确判断。社会经济环境的变化、政策法规的不断修改、企业内部筹划人员对政策理解的不同等都是造成税收筹划风险的可能性与不确定性的因素。

（五）可度量性

风险的可度量性决定了税收筹划风险是可度量的。任何事物都有其发展的一般规律，风险是其中比较难把握的一类。税收筹划风险涉及对筹划方案结果的预测，虽然是对未来不确定事项的预测，但造成税收筹划风险的一些因素能够借鉴经验数据，运用数理统计技术手段来加以分析估算，并在此基础上采取相应措施对风险加以预防和弥补，从而间接地评估了整体风险，并对其进行控制。

三、税收筹划风险的成因

风险是预期结果的不确定性，不仅可以带来超出预期的损失，也可能带来超出预期的收益。税收筹划是一把双刃剑，它是经济环境和税收环境的伴生物，在给企业减轻税负的同时，因为经营环境的不确定性和不可控性以及税法自身的“刚性”，也会给企业带来巨大的税收风险，如筹划方案失败及目标无法达成、偷逃税罪认定等，这些状况一旦发生将使企业陷入困境。鉴于经济环境的不断变化和税制的动态性，有必要对税收筹划风险进行防范和管理。税收筹划风险成因主要有以下几方面：

（一）企业边界模糊化趋势

以核心能力为基础，在激烈的市场竞争和相互作用下形成的相对固定的经营规模和范围即可认定为企业边界。企业如果追求规模经济则着眼于降低企业的单位产出成本，如果追求范围经济则着眼于核心能力的增长，以此提高生产效率，降低生产成本，增加经济效益。当今社会瞬息万变，经济全球化和信息技术的迅速发展使企业边界也表现出动态变化的趋势：为快速决策经营战略，信息由小范围向大范围渗透；企业内部培训及其他培训方式以增强各层级的管理者和职工的能力，使企业组织能力得以渗透并缩短决策制定和实施时间；基于激励的报酬方式由高级员工向一般员工渗透；信息化的连接使得企业间合作代替竞争（核心能力专业化生产，非核心能力外包）导致企业外部边界扩大，进而打破地域边界，促使技术进步的加快，为企业跨区经营提供了条件。在企业边界模糊的科技与经营创新模式下，由此产生的税收筹划风险日益显著。

1. 企业合并——合并方式可能引发税收筹划风险

企业要想获得进一步发展，需拓宽自己的贸易范围，一般情况下会采取吸收合并的方式，这种方式反映在税收上即为税率、纳税时间及地点等的变化，总而言之就是税收环境和税收要素的变化。企业之所以这么做是为了享受一定的税收优惠政策，增加企业利润。通常情况下，以合并前合并方与被合并方是否受同一方控制为标准，将企业合并分为两种类型，一种是同一控制下的企业合并，另一种是非同一控制下的企业合并。不同类型的合并在进行税务处理时适用不同的政策，对净收益和资产的处理可能会导致丧失货币资金时间价值风险的存在。

2. 跨区经营——地区间政策不同引发税收筹划风险

企业一方面要面对急剧变化、难以捉摸的市场环境，另一方面要时刻关注现行政策、法律法规等的变化，从宏观和微观角度全面掌握现行的经济调控政策。企业若是顺势而为，遵从或者执行政府的相关政策，就会有利于自身发展，甚至得到政府的鼓励和帮助；若是倒行逆施，就会将自身置于不利处境，轻则受到相关的惩罚，重则彻底失去生存的机会。作为国家宏观调控的主要参与者和决策者，政府从全局出发，为了社会的稳定和经济的发展，可以运用各项手段对部分企业的行为进行干预，从而影响其边界。例如，在行政手段方面，政府特许及管理限制企业的发展；在经济和法律手段方面，政府进行货币供应的调节以及制定反不正当竞争法等。

跨区经营的企业尤其要注意不同地区之间的政策差异，比如税收优惠政策的差别等。税收优惠的实施有一定的范围，只能在一定范围内使用。正是因为实施企业所得税的优惠政策时存在一定的局限性，所以企业在寻求边界扩张时可能会出现无法享受税收优惠政策而减少收益的风险。

（二）税制的动态性

当今世界瞬息万变，税收环境也在不断发生着变化，为了适应时代发展的要求，税收制度也不断做出相应的改变，因此税制呈现出动态性特征。国家根据具体的经济发展情况和要求对税收制度进行完善和创新，企业税收筹划方面的政策也有所变化；企业则根据国家的相关政策法规调整和重新制定税收筹划方案。由此可见，征纳双方在动态的税收制度和税收筹划方面存在着共同变化的特点。税收政策的动态变化性使得相对固定的税收筹划方案具有一定的风险。

（三）企业内部税收筹划涉税风险防范意识的缺失

税收筹划不仅是一个经济学名词，更是一项实实在在的系统性工程，涉及多个方面和多个人员，具体来说包括税务机关、企业、相关利益人、工作人员等。管理者的经营意识、风险意识，工作人员的专业素质和专业能力等都会对税收筹划的结果产生深刻影响。在实际生活中，很多企业并未将税务工作置于重要位置，也没有配备专门人员，由于缺少税收方面的专业知识，加之自身水平有限，对与税收相关的法律法规理解不够透彻，很多企业的决策者即使主观上没有偷税的愿望，但稍不留神也会以身犯险，不按规定操作，偏离税收筹划的正确轨道，造成税收风险。

第二节　税收筹划风险的表现

一、政策风险

税收筹划是对政府制定的税收政策进行比较后的纳税优化选择，是一种符合政府政策导向的经济行为。因此，税收筹划的实际操作与政府政策有着密切的关系，由此带来的税收筹划风险称为政策风险，包括政策选择风险、政策变化风险和政策模糊风险。

（一）政策选择风险

由于国家目标的多重性和经济生活的复杂性，各国或各地区在制定其税收政策时往往会根据其所要实现的目标，对不同的经济活动采取差别的税收待遇。这种差别的税收待遇主要有：①不同国家之间税收政策和税收制度的差异；②同一国家税制规定上的差异，如不同税种适用不同的纳税人、征税对象、税率、纳税环节、纳税期限、减免优惠规定等。

各类企业因生产、经营、投资活动的不同而适用不同的税种，即使一些企业适用相同的税种，也会因从业地点、生产销售产品的性质、企业组织形式及盈利规模的不同而适用不同的税率、减免税优惠等。这就要求税收筹划人员对税收政策应严格按照税法条文的字面含义理解，既不能扩大，也不能缩小，同时必须注意立法机关、行政机关做出的有效力的解释，才能准确把握税法。例如，某服装厂接受个体经营者代购的纽扣，由于未按要求完成代购手续，被税务机关确认为接受第三方发票而受到查处。

（二）政策变化风险

税收调节经济作用的良好发挥依赖于正确、务实的税收政策，税收政策必须随着经济环境和经济条件的变化而不断调整，因此，税收政策尤其是优惠政策具有不定期性或相对较短的时效性。企业的生产经营行为及与之相匹配的纳税选择属于事前行为，具有长期性和预见性，这种事前性、长期性和预见性与税收政策的不定期性或相对较短的时效性给企业的纳税选择尤其是长期纳税规划带来一定的风险。我国正处于市场经济不断完善与发展的过程中，作为国家重要经济杠杆的税收政策，调整较为频繁，尤其是税收优惠政策，具有零星分散、期限短、变化快的特点，许多政策的优惠期限定在1~3年。如果企业不能及时掌握政策变化的情况并进行综合权衡，就很可能导致投资、经营失败。

（三）政策模糊风险

如果税收法律法规层次多，很可能在行政规章不够明晰的情况下，导致政策模糊风险。在这种情况下，企业如依据这些行政规章开展税收筹划，就有可能因为对这些行政规章体现的税法精神理解错误而导致税收筹划失败。

二、经营风险

（一）税收筹划方案设计风险

一般来说，企业在法律许可的范围内存在多种可供选择的税收筹划方案，企业可以通过经营、投资、理财、组织、交易等事项的事先安排和策划，实现最低税负和财务利益的最大化。然而，在现实生活中，由于认识上的局限性，许多企业难免在操作上出现利用税收筹划方案带来的纳税成本“陷阱”及风险。

纳税成本“陷阱”与风险有以下两种：一是税收筹划成本超过了税收筹划收益；二是单一税种税负下降，而企业整体税负上升。

税收筹划成本是企业为进行税收筹划所付出的一切成本，有以下五个组成部分。

（1）直接成本，指企业为进行税收筹划而发生的人、财、物的耗费，包括税收筹划方案的设计成本和实施成本两个部分。

（2）设计成本，指聘请税务咨询机构的税务专家进行税收筹划而支付的方案设计及咨询费，企业财务人员参与方案的设计与实施而支付的工资和奖金。

（3）实施成本，指方案在实施过程中需额外支付的相关成本费用。

（4）风险成本，指税收筹划方案因设计失误或实施不当而造成税收筹划目标的落空以及由此带来的经济损失和法律责任。

（5）机会成本，指采用税收筹划方案而放弃其他方案的最大收益。

税收筹划“收益”包括直接收益和间接收益，前者是指因税收筹划使纳税人免缴或少缴的税款；后者是指因税收筹划方案顺应了税收政策导向，优化了资源配置，促进了企业长期稳定的良性发展而带来的收益。根据成本收益原则，如果成本小于收益，则税收筹划是成功的；反之，则是失败的。

在实际操作中，许多企业过分关注税收筹划方案所带来的直接收益而忽略了为此支付的成本，由此可能造成税收筹划成本超过税收筹划收益的结果。另一种风险是单个税种税负减轻，企业综合税负上升，纳税人在税收筹划过程中由于缺乏整体的筹划思路和方案，忽略经济活动及税种之间的关联性，实际操作时仅就单一经营项目、单一税种或单一纳税环节进行税收筹划，往往顾此失彼，导致企业整体税负的增加。

综上所述，企业在选择税收筹划方案时，必须进行合理的成本—效益分析，不可以忽略企业税后收益最大化这一最终目标。

（二）经营变化风险

税收筹划的过程实际上就是对税收政策的差别进行选择的过程。但是，无论何种差别，均应建立在一定的前提条件下，即企业日后的生产经营活动必须符合所选税收政策的特殊性规定。这些特殊性在给企业的税收筹划提供可能性的同时，也给企业某一方面的经营活动（经营范围、经营地点、经营期限等）带来了约束，从而影响着企业经营活动本身的灵活性。如果项目投资后经济活动本身发生变化，或对项目预期经济活动的判断失误，就很可能失去享受税收优惠的必要特征或条件，不仅无法达到减轻税负的目的，而且有可能加重税负。

（三）方案实施风险

科学的税收筹划方案必须通过有效的实施来实现。当然，即使有了科学的税收筹划方案，如果在实施过程中没有严格的实施措施，或者没有得力的实施人才，或者没有完善的实施手段，都有可能导致税收筹划的失败。

三、诚信风险

诚信风险是纳税人制订和实施税收筹划方案时所面临的因预期结果的不确定性而可能承担的信用危机和名誉损失。

四、心理风险

心理风险是纳税人在制订和实施税收筹划方案时所面临的因预期结果的不确定性而在可能承担涉税经济风险、法律风险和信誉风险的同时所承受的心理负担和精神折磨。

除上述风险外，纳税基础环境不良也将导致税收筹划风险的产生。纳税基础环境是指企业的管理决策层和相关管理人员对纳税问题的认识程度、企业的会计核算和财务管理水平、企业纳税诚信度等方面的基础环境。纳税基础环境不良具体表现在：企业管理决策层对纳税问题不了解、不重视，甚至认为搞关系、找路子、钻空子就可以减少纳税；企业会计核算不健全，企业有偷税、逃税等违反税法的记录；企业税务岗位员工频繁变动，缺乏定期的员工技能培训制度和奖惩机制；等等。这些问题的存在都可能导致税收筹划风险发生。

税收筹划风险的存在不但会使企业经济利益遭受极大的损失，而且会严重影响企业的生产行为、投资行为等经济活动，甚至影响企业的生存。

第三节　税收筹划风险的管理

一、税收筹划风险管理的概念

税收筹划风险管理是企业依据税收法律法规的规定，通过对税收筹划风险的确认和评估，采用合理的经济及技术手段对税收筹划风险加以规避、控制或转移，以保障税收筹划活动安全、正常地开展，降低税收筹划风险给企业带来的经济及名誉损失的一种管理活动。税收筹划风险管理的主体是企业自身，进行税收筹划风险管理的依据是税收法律法规及相关经济法规的规定，进行税收筹划风险管理的方式是依据税收法律法规的规定，通过对企业生产经营活动及税收筹划方案进行事先筹划、事中控制、事后检查与调整来尽可能规避、控制或转移税收筹划风险，降低由此带来的经济和名誉上的损失。

二、税收筹划风险管理的内容

税收筹划风险管理包括风险识别、风险度量和风险控制等方面，其中，核心内容是风险度量。税收筹划风险管理的目标是降低税收筹划风险，减少风险损失。因此，在进行税收筹划风险管理决策时，要处理好成本与效益的关系，应该从最经济合理的角度处置风险，制定税收筹划风险管理策略。风险的动态性特征决定了税收筹划风险管理是一个动态的过程。由于企业内外环境的不断变化，在税收筹划风险管理计划的实施过程中，应根据税收筹划风险状态的变化，及时调整税收筹划风险管理方案，对偏离税收筹划风险管理目标的行为进行修正，主要包括以下三个方面的内容。

（一）税收筹划风险的识别

对企业生产经营过程中面临的各种风险进行分类，对各种风险的暴露情况及对企业税收筹划的影响程度进行辨识。

（二）税收筹划风险的测量与评估

企业税收筹划的风险管理包括对税收筹划风险的大小进行测量，对有关税收筹划风险的数据及相应的税收筹划风险管理信息系统进行量化处理，在此基础上，借助风险评估方法和有关模型，对税收筹划的风险因素做出评估，以便为税收筹划风险决策提供依据。

（三）税收筹划风险的控制与化解

企业税收筹划的风险管理是以监控税务风险和化解税务风险为核心内容的风险控制过程，具体是指根据企业的经营方针和风险管理策略对企业的人财物、供产销等有关环节的经营行为实施有效监控，并为改善税收筹划风险状况、化解企业税收筹划风险采取的相应管理措施和行为。

三、税收筹划风险管理的功能

（一）提高企业资源配置的效率

企业税收筹划可以提高企业资源配置的效率，但税收筹划风险的客观存在以及企业本身对待风险的态度与偏好会影响企业对税收筹划决策的选择及税收筹划决策的有效性。尤其是企业过度而消极的风险回避态度可能使企业丧失很多潜在的甚至较大的投资及盈利机会，从而降低企业的资源配置效率与经济效益。如果企业能实施有效的税收筹划风险管理，通过对风险的预先防范、转移及分散，提高企业自身的核心竞争力和抵御风险的能力，则可以降低企业遇到风险时出现的剧烈波动，有效化解税收筹划风险，实现资源的最优分配，提高企业的整体运行效率。

（二）提高股东价值

税收筹划可以降低企业的纳税成本，提高企业的经济效益和股东的价值，因此，有针对性地对税收筹划风险进行管理可以降低投资风险、分散经营风险、增强投资者信心、降低风险损失及企业财务和纳税成本、提高股东的价值和企业的经济效益。

（三）降低企业税收筹划风险的成本

市场风险、自然灾害风险、经营决策风险、税收筹划手段不当等都有可能导致税收筹划失败，如果不能及时采取有效措施改善不利状况，就有可能引发企业不必要的财务现金流出，给企业带来高昂的损失，甚至导致企业资产大幅缩水，股东价值下降。一般而言，企业税收筹划所带来的损失及成本可分为两个部分：一部分为直接损失或直接成本，即企业因税收筹划失败而产生的资产账面损失，以及进入破产清算程序或被兼并收购时，在法律、会计等中介机构专业服务方面所发生的费用支出；另一部分为不可预见并难以从财务账面反映的间接损失或间接成本，如投资项目无法正常进行而出现较大幅度的经济效益下滑、与正常合作的客户或原材料供应厂家中断合作关系、银行或其他金融机构停止对企业提供贷款或其他融资支持等。如果企业采取有效的税收筹划风险管理措施，则有可能降低税收筹划风险所造成的直接损失及间接损失，并明显减少企业因为税收筹划风险而发生的现金流出，从而降低企业税收筹划风险的成本。

四、税收筹划风险管理的原则

税收筹划风险管理应从整体角度系统地分析、识别和评价企业在税收筹划活动中的风险并实施相应的控制，以实现税收筹划风险控制目标。为了达到税收筹划风险管理的目的，在进行税收筹划风险管理时应遵循以下基本原则。

（一）时间管理原则

在时间层面上，税收筹划风险的形成分为潜伏期、扩散期、爆发期和恶化期，前面阶段的风险如不加以有效控制必定会在后面阶段不断扩散和积聚，最终必将影响企业的生产经营活动。因此，税收筹划风险管理应遵循时间管理原则。在时间层面上，应从整体角度对税收筹划风险的潜伏期、扩散期、爆发期和恶化期分阶段进行管理，控制每一阶段税收筹划风险能量的积聚度和扩散度，避免前面阶段税收筹划风险能量爆发并向后面阶段的扩散和积聚。应重点对潜伏期、扩散期的税收筹划风险加以监控，尽量避免发生税务风险和税务危机。

（二）空间管理原则

在空间层面上，税收筹划风险表现为政策风险、经营风险、执法风险、诚信风险和心理风险，而且它们是相互影响的。政策风险控制是起点，经营风险和执法风险控制是核心，诚信风险和心理风险控制是保障。因此，税收筹划风险管理应遵循空间控制原则，从整体的角度对政策风险、经营风险、执法风险、诚信风险和心理风险进行控制。

（三）时空管理原则

由于空间层面的税收筹划风险具有时间性的特征，因此，税收筹划风险管理应遵循时空控制原则，从时空管理的角度分别对潜伏期、扩散期、爆发期和恶化期的政策风险、经营风险、执法风险、诚信风险和心理风险进行控制并对政策风险、经营风险、执法风险、诚信风险和心理风险的潜伏期、扩散期、爆发期和恶化期进行控制。

（四）系统性原则

企业税收筹划风险的产生有其内在根源和外部诱因，这些内在根源和外部诱因是相互影响的。税收筹划风险是外部诱因和内部根源不利影响的积聚。当这种不利影响的积聚达到一定程度时，便会爆发税务风险，甚至会导致企业破产。因此，在进行税收筹划风险管理时，应遵循系统性原则，从系统的角度对税收筹划风险的外部诱因和内部根源进行控制。

（五）动态性原则

企业所处的内部环境、外部环境和经营管理活动是不断变化的，通过规范财务管理的基础性工作，重视和加强对税收筹划风险的防范，做到“居安思危”，充分发挥信息技术在税收筹划风险控制中的作用，提高企业的抗风险能力，就能有效防范和化解税务风险，避免税务危机的爆发，实现企业可持续发展的财务目标。因此，在税收筹划风险管理中应遵循动态性原则，针对不同行业、不同地区、不同时间、不同企业对税收筹划风险进行动态控制。

五、税收筹划风险管理的形式

（一）税收筹划风险事前预防

税收筹划风险事前预防是指在税收筹划方案形成之前采取一些必要的管理措施，以控制和防范税收筹划风险的发生。

（二）税收筹划风险检验

税收筹划风险检验是指税收筹划风险相关管理人员依据税收法律法规，通过调查企业生产经营状况，审阅相关的财务处理资料以及有关税收筹划方案，从中发现税收筹划方案制订或执行过程中已有的或潜在的风险的一系列方法，主要包括实地调查法和账证资料审查法。

1. 实地调查法

实地调查法是指通过一系列实地调查的方法，结合现行税收法律法规，对企业现有的生产经营状况及未来发展趋势进行调查分析，从中发现税收筹划方案制订或执行过程中已有的或潜在的风险的一系列方法，主要包括走访、座谈、征询、对实物资产进行盘点等一系列实地调查的方法。运用这些方法可以厘清企业生产经营行为及所涉及税种的缴纳状况；有关税收筹划方案有无不合法、不合理的问题存在，如果有，则进一步分析此类问题可能引发何种涉税风险，将对企业的生产经营产生多大影响；企业未来的生产经营行为是否会有所改变，其改变的趋势如何，是否会影响税收筹划方案的实施，将对有关税收筹划方案中所纳税种及税款数额产生怎样的影响，潜在涉税风险有多大等。

2. 账证资料审查法

账证资料审查法主要是依据现行税收法律法规，通过一系列审查账务处理相关资料的方法，对企业的账、证、表等纳税资料进行审查，检查有关税收筹划方案的执行情况，从中发现税收筹划方案执行过程中已有的或潜在的纳税风险的一系列方法。经常使用的方法包括审阅法、逆查核对法、比较分析法和抽查法等。

（1）审阅法。审阅法是指依据有关税收政策与法规，对企业一定时期内的有关会计资料和其他经济信息资料及管理资料进行仔细观察和阅读，鉴别资料本身所反映的经济活动是否符合税收筹划方案，税收筹划方案本身及其执行过程是否存在或潜在涉税风险的一种方法。

（2）逆查核对法。逆查核对法是依据有关税收政策与法规，按照会计记账程序的相反方向，从会计报表、账簿到凭证，并对会计报表、账簿、凭证以及相关实物进行核对，以检查账表、账账、账证、账实是否相符，账务处理及所缴税款是否正确，是否按照税收筹划方案执行，税收筹划方案本身及其执行过程是否存在或潜在涉税风险的一种方法。使用该方法还可以结合审阅和比较分析方法，根据重点和疑点，逐个进行追查，及时调整税收筹划方案，解决税收筹划方案执行过程中出现的错误和问题。例如，先通过会计报表分析，揭示财务活动中的薄弱环节和反常现象，发现线索，掌握重点和疑点，再据以溯源查对总分类账及其明细分类账，然后核对记账凭证，最后审查原始凭证，以了解其诱发税收筹划方案本身及其执行过程中风险的原因和经过，确定风险的大小。

（3）比较分析法。比较分析法是依据有关税收政策和法规，将企业报表或账面资料的本期实际完成数与企业的各项计划指标、历史资料或同类型企业的相关资料进行静态或动态对比，从中发现税收筹划方案本身及其执行过程中已存在或潜在风险的一种方法。

运用比较分析法时，企业应注意运用逻辑思维，把客观对象分解为各个方面、特性、因素，加以比较分析。例如，对应税产品，应分析所生产的产品能否构成应税产品，其适用税率是多少，从产品结构、原材料的构成、加工等方面深入分析有无潜在纳税风险问题。再如，应分析国家时期性政策的变化和调整对企业应纳税额的影响。在分析时可以结合控制计算法，利用数据之间的等量原理进行计算，如用定额控制、以耗控产计算相关产品的成本等。对发现的风险疑点，还可以结合排他法进行排他分析。

（4）抽查法。抽查法又称选查法，是指对企业一定时期内的全部会计账簿、报表及凭证只选择与税收筹划方案本身及其执行过程有关的部分进行重点审查，从中发现税收筹划方案本身及其执行过程中已存在或潜在涉税风险的一种方法。

抽查法按照选择资料的依据和方法又可分为以下三种具体方法：①资料抽查法，指检查人员根据平时掌握的确切情况，有针对性地选择某一时期和某一部分会计账簿、报表及凭证进行审查的方法。②判断抽查法，指检查人员在对纳税人不太熟悉的情况下，根据其实际情况，完全凭主观经验判断选择纳税人某一阶段、某一部分会计账簿、报表及凭证进行审查的方法。③随机抽查法，指检查人员依据统计抽样调查的原理，随机选择某一阶段、某一部分会计账簿、报表及凭证进行分析审查的方法。

不论企业采取上述哪一种审查方法，都要注意把企业的凭证、账簿、报表及其他活动记录所反映的内容联系起来对照审查，将上述方法综合运用。

（三）税收筹划风险评估

税收筹划风险评估是指税收筹划风险管理人员依据税收法律法规，在检验税收筹划方案本身及其执行过程中的风险的基础上，对已发现税收筹划方案本身及其执行过程中已有的或潜在的纳税风险进行量化评估并排序的方法。

（四）税收筹划风险预警

税收筹划风险预警是指税收筹划风险管理人员依据资料审查与评估后的排序结果填制企业税收筹划风险预警表，并对相关部门提出预警的方法。

（五）税收筹划风险控制

税收筹划风险控制是指税收筹划风险管理人员依据税收法律法规，对所发现的税收筹划风险进行一系列规划、控制和安排的方法，包括税收筹划风险规避法、税收筹划风险控制法、税收筹划风险转移法和税收筹划风险保留法。

1. 税收筹划风险规避法

税收筹划风险规避法是指为避免风险的发生而拒绝从事某一事件。税收筹划风险规避是涉税避免风险最彻底的方法，但其适用范围比较窄，属于消极控制风险的方法。因为企业不能为了避免税收筹划风险而彻底放弃某些经营计划与行为。常用的税收筹划风险规避措施有：改进原税收筹划方案，停止某些特定的经营活动（如退出某个区域市场、放弃某项经济业务）；改进原税收筹划方案，避免选择低回报率、高税务风险的投资项目；改进原税收筹划方案，设定新的目标，制定及实施内部有效防范涉税风险的措施。

税收筹划风险规避法具有一定的局限性，具体表现为：①回避风险在人们感知风险的存在并且对损失的严重性完全有把握的基础上才具有实际意义；②对某一具体的风险单位来说，有些风险是无法避免的，如全球性经济危机、地震、瘟疫等；③避免某种风险又可能产生另一种新的风险。一般来说，只有在特殊情况下，才采用风险回避策略：税收筹划方案本身或执行过程中的某些风险带来的损失的概率高和幅度大，或者在控制风险时使用的方法所需成本相当大，甚至超过了其产生的效益值。

2. 税收筹划风险控制法

税收筹划风险控制法是指那些用以使风险程度和频率达到最小化的方法。税收筹划风险控制的目的在于降低税收筹划风险发生的可能性、减轻涉税风险损失的程度，包括税收筹划风险的事前、事中和事后控制。税收筹划风险控制法更多的是事前控制，即结合企业经济业务操作的变化，合理调整税收筹划方案，减少税收筹划风险触发的机会，或对内部纳税程序进行有效控制，将不可预见的税收筹划风险事件的损失降低到可接受的范围，至于事中、事后税收筹划风险控制，只能是补救或减小税收筹划风险的损失和不利影响，其实施的主要途径有三种：一是调整相关经济业务的处理计划或规程，二是调整有关账务处理，三是及时补偿所欠税款避免遭受更大的税务违章处罚。

在实施税收筹划风险事中或事后控制时，账务调整必须符合税收法规和财会制度的要求，符合会计核算原理和方法的要求，符合实事求是、简便有效的要求。账务调整的方法主要采用分录调整法，即根据查账报告，对检查中发现的账务处理错误采用分录的方法进行账务调整。

3. 税收筹划风险转移法

税收筹划风险转移法是将税收筹划风险转嫁给其他参与主体，一般通过合约的形式转移税收筹划风险。

4. 税收筹划风险保留法

税收筹划风险保留法是风险融资的一种方法，是指遭遇税收筹划风险的经济主体自我承担税收筹划风险所带来的经济损失。税收筹划风险保留法的重心在于寻求和吸纳风险融资资金，但这取决于人们对待风险的态度：一是涉税风险的承担，即在风险发生后，以积极的态度和行为承担因纳税风险而带来的损失；二是为可能出现的涉税风险做准备，在财务上预提纳税风险准备金；三是在市场及法律允许的范围内，通过对产品或服务的调整来弥补因税收筹划风险而带来的损失。

第四节　税收筹划风险防范措施

一、完善税收相关法律法规，协调征纳双方对税收筹划涉税事项的认定差异

（一）严格界定税收筹划性质，实现税收宏观经济调控职能

资金对企业的发展至关重要，资金的多少决定了企业的实力雄厚与否，而经营者的经营目的也是获得资金。正是因为企业拥有这样的愿望并且采取了一系列行动对经营、投资、理财等环节进行筹划，国家才能在经济出现波动时利用税收杠杆发挥其宏观经济调控职能。税收筹划是否合理决定了税收宏观经济的调控职能能否实现，因此，要对企业的税收筹划性质进行严格界定，规范市场秩序，促成宏观经济调控最优目标的实现。

（二）完善税收相关法律法规，引导税收筹划健康发展

税收筹划是法律赋予企业的合法权益，在企业进行税收筹划时，为了保证筹划方向的准确、筹划措施的合法、筹划目的的实现，国家有必要对其加以引导和支持。

（1）完善税收制度，根据实际要求出台相应的规范税收筹划的法律法规。税收法律条文不能晦涩艰深，难以理解，出现歧义，要简单明了，便于理解和操作，弹性较弱。要让企业明确何种行为越过了法律的边界并且会

受到何种制裁，降低税收筹划的风险，引导税收筹划在良性的轨道上发展。

（2）可通过公共媒介或者开展讲座等对税法进行宣传和诠释，帮助企业加强对税法的正确理解。

（3）完善税务机关信息共享制度。税务机关信息共享制度的建立可以互通大企业关联交易、关联交易定价制度、以转移利润为目的的资产调整和置换（投资）信息，促进大企业合理、合法地进行税收筹划。

二、树立依法筹划理念，杜绝税收筹划风险

税收筹划的重要性并不亚于企业的任何一项决策，这是一个系统工程，需要管理层多方协调和配合，从全局的角度统筹安排，以未雨绸缪的战略眼光对税收筹划风险加以预防和控制，协调、处理好企业财务风险以及税收风险之间的关系，将依法筹划作为税收筹划的根本纲领，牢记于心，最终促成企业经营管理目标的实现。

三、化解企业购并（关联交易）业务流程隐含的潜在风险，避免税收筹划风险

时代的发展和科技的进步，使一些不甘于现状的企业寻求边界的扩张，但是在企业购并和关联交易等业务中，巨大的风险相伴而生。企业在进行交易时应提前做好“功课”，通过多种渠道对目标公司进行严格审查，以评估其欠税、偷税等行为，尽量避免税收风险。对于关联交易，企业应制定科学有效的定价原则和计算方法，并按照法律规定履行一系列程序，如报税务机关备案、与税务主管机关签订相关协议等。总之，在企业实行

购并等经济行为时要对所有可能出现的情况加以考虑，避免业务流程中隐含的潜在风险，从而将税收筹划风险扼杀在摇篮中。

四、提高涉税人员业务素质及恰当选择会计政策，提高税收筹划风险的可控性

任何活动都离不开人的参与，税收活动也是如此。作为税收活动主体的人对税收行为是否合法以及税收目标能否达成起到重要的影响作用。因此企业在进行税收筹划时应认识到涉税人员的重要性，通过多种渠道和方法对其进行宣传、培训、教育，帮助涉税人员拓宽知识面、增强业务能力、提高自身素质。通过对税法、审计等知识的学习，提高涉税人员规避税务风险的能力。还要对会计政策进行合理选择并且报主管税务机关备案，如租赁、减值等，切实提高税收筹划风险的可控性。

五、建立与健全企业组织机构，规范税收筹划风险的管理

（一）设立专职税务管理人员

税收筹划工作并不是任何人员都可以胜任的，其专业性要求相关人员必须具备充分的税法、会计等方面的知识，这就要求企业在招聘时提高门槛，录取专业人员，并且成立专门的组织机构。税收筹划工作要求其工作人员在有效进行税收筹划时还要对税收筹划风险加以规避，并制定出相应的预警机制，因此，为确保税收筹划工作的有效性，企业务必设立专职税务管理人员。

（二）明确企业在组织结构和业务流程设计上面临的税务风险

要加强企业各部门人员之间的交流与联系，通过共同分析企业组织结构和业务流程，明确企业所面临的税务风险。财务人员、管理层、业务人员等的分析内容具体包括：各种销售流程的税务情况、企业的投资架构、企业的营业范围等。

（三）定期稽核企业税务和财务

企业应该具有风险意识，对内部与经营活动相关的税务问题定期进行稽查核实。通过调查研究，企业可以发现自身存在的税务问题，从而将风险控制在萌芽状态。具体内容包括：相关税收优惠的利用程度稽核、销售及收款业务流程稽核、采购及付款业务流程稽核、特殊税种稽核等。

（四）加强税企沟通

企业应该建立相应制度以方便企业与税务机关进行沟通。在建立信息沟通制度时，要由专业人员在充分收集信息和详细规划的基础上加以确定。税企沟通的加强一方面可以使企业了解税法的最新变化，保证企业的经营活动及税收筹划合法，另一方面可以使税务机关对企业的情况有充分了解，以便及时发现问题。

六、建立有效的内部控制制度，全面控制税收筹划风险

内部控制贯穿于企业经营管理活动的各个方面，只要存在着经营活动和管理，就需要有相应的内部控制制度。内部控制制度按其控制的内容可分为多个方面，内部纳税控制制度就是整个内部控制的一部分。企业集团

的内部纳税控制制度是指企业集团作为纳税人，为了提高集团税收筹划的质量，确保在合理合法的情况下贯彻执行本集团的既定方针，降低税收筹划的风险，从而实现集团整体效益最大化目标而制定和实施的一系列控制方法、措施和程序。

第七章
税收筹划风险防范实践研究

第一节　中小企业税收筹划风险与防范

一、中小企业进行税收筹划的作用

中小企业依法纳税，是我国税法强制性无偿性以及普遍性的存在体现。而进行税收筹划能在一定程度上，帮助中小企业树立正确的纳税观，提高依法纳税意识。税收筹划依赖于企业内部自身的财务管理能力与基础扎实的核算分析。因此，中小企业进行税收筹划还能提高企业的财务管理水平以及经营管理水平。税收筹划，表面上指中小企业通过一系列经营活动的安排来降低纳税成本，实则是在优化整合自身的资源配置，调整经营产业结构。对不断适应市场经济竞争大环境，提高企业自身效益，提高国民经济税收产生直接或间接的作用。

二、中小企业税收筹划产生风险的原因分析

（一）由税收筹划基础欠缺导致的风险

中小企业进行税收筹划最主要的风险来源于企业管理层对税收筹划的概念理解错误或不全面，有的中小企业认为税收筹划是形式主义，根本不能起到减少纳税成本的作用。实则原因是中小企业经营管理水平有限，或者是会计账目缺乏真实完整性，从而造成税收筹划出现问题，导致企业领

导看不到税收筹划的真实效果，因此对其不够重视。这也是目前中小企业普遍存在的税收筹划风险原因。

（二）由税收政策变化带来的风险

由税收政策变化带来的风险是指，国家税收政策为了适应变幻的市场经济主体结构，适应市场变化以及国民经济的发展要求，需要根据不同时期的国民经济环境以及市场经济发展中出现的问题，做出一些政策的优化和调整。因此，国家政策只是在某一时段内有效。而税收筹划是中小企业根据国家收税政策将其经营的所有活动约束在法律范围内，以达到提高经济效益的筹备与调控过程。在这个过程中，原来依据的税收政策可能有了新的调整与更改。若没有及时关注，可能导致税收筹划方案没有税法的保障，甚至触及税法，与税法对立。这样产生的风险，一般都是中小企业税收筹划过程中导致的性质比较严重的问题。

（三）税收筹划目的不够明确

税收筹划属于中小企业财务管理工作的重要内容，其管理目标是为了减少税收成本；而对于中小企业决策层来讲，税收筹划是为了实现企业品牌的最大信用价值。当财务管理工作过度干涉中小企业的其他经营活动时，税收筹划便会扰乱企业其他活动的秩序，引起中小企业内部机制紊乱，从而产生更大的经营风险。另外，税收筹划一般指筹划方案中包含的所有经营活动的成本及其他机会成本。若在税收筹划过程中忽略这些隐性的成本，将使筹划结果与预期筹划目标大相径庭。

三、中小企业税收筹划的防范措施

（一）正确认识税收筹划、规范会计核算

中小企业税收筹划要解决最主要的风险，首先要对税收筹划有正确深刻的理解。这是进行税收筹划的基础条件。中小企业领导层对税收筹划有正确的概念意识后，应在依法纳税的前提下，了解市场经济变化的各方面原因，找出产品与价格、经营能力等之间的联系。严格按照国家法律法规，对会计账务报表进行检查督导，确保凭证账务的真实完整。只有中小企业决策层拥有正确的税收筹划概念，树立牢固的筹划风险意识，才会对会计处理行为进行一系列过程的规范，同时这也是进行税收筹划的重要条件，它可以为提高税收筹划成果提供真实可靠的参考依据，从而解决中小企业税收筹划普遍存在的风险。

（二）树立牢固的风险意识，紧密关注税收政策的调整及变化

国家税收政策总在不断适应市场经济产业的发展中做出调整与变化。中小企业税收筹划应当紧密关注税收政策，根据税收政策与企业经营活动及范围之间的相互联系，在保证依法纳税的前提下，进行税收筹划，从而减少纳税成本，实现企业收益的最大化。也就是说，中小企业税收筹划需要不断关注市场经济的发展规律，把握税收政策的调整手段，在全面掌握国家税收政策的基础上，规避税收筹划的风险。千万不能只顾税收政策的局部信息，否则将导致税收筹划因政策变化原因全盘崩塌。中小企业应根据企业自身的发展特点，建立一套与国家税收政策紧密联系的信息筹划系统，当政策变动时，中小企业可以第一时间知道其变化的具体情况，从而根据政策变化，及时调整税收筹划方案，保证企业的税收筹划进程合法合

理顺利进行。

（三）提高税收筹划人员素质，规范税收筹划行为

中小企业可以通过调整企业自身筹划人员的业务能力与其他综合素质来保证税收筹划的科学合理性。税收筹划是一项专业性较强，但涉及领域较为广泛的财务工作。它需要筹划人员具备多方面的专业知识。比如税法、财务管理、金融贸易等。也就是说，筹划人员不仅要熟悉法律法规、国家各项税收政策，还要懂得财务管理、企业经营管理等各方面知识。才能在国家税收政策有效的时段内，根据企业的发展规律，制定出科学合理的筹划方案。

（四）以实现企业整体效益为宗旨，贯彻成本效益原则

中小企业为了保证整体效益的实现，必须将成本效益原则贯彻到底。因为企业开展税收筹划的过程中，需要消耗大量资金与资源。而只有将这些消耗的资源费用进行有效的成本管理，才能控制好税收筹划过程中的成本使用，才能保证实施税收筹划带来的经济效益大于成本，从而满足中小企业开展税收筹划的初衷要求。中小企业进行税收筹划，不只是一味要求在不违法的基础上减少税收，而是通过税收筹划的有效开展，将企业的经济效益拉升至最高。因此，中小企业在选取税收筹划方案时，要根据成本管理带来的效益原则，将眼光放在能帮助企业获得最大经济效益的税收方案上。

第二节　集团企业税收筹划风险与防范

一、集团企业税收筹划风险类型

现阶段，集团企业之所以会面临一定的税收筹划风险，主要是因为市场经济的多方面影响，再加上集团企业内部的税收规划不合理。在防范与应对税收筹划风险的过程中，应当对税收筹划风险加以区别。通常来说，集团企业所面临的税收筹划风险主要包括以下四种。

（一）政策风险

税收筹划需要根据现行及未来政策预期情况制定，因此国家的法律法规政策如果发生变化，必然影响税收筹划方案的选择和确定。为适应国民经济发展的需要，政府部门会不断鼓励优化和升级产业结构与政策，税收政策作为国家宏观经济调控的手段，也在随着经济运行情况的变化进行适度调整。但由于税务管理细则数量大、涉及面广，相关税务政策法规的变化会大大增加原有税收筹划失效的风险。尤其是对于一些长期项目的税收筹划，政策的变更会带来较大的风险。

（二）财务风险

税收筹划活动是为企业战略管理目标服务的，是企业财务管理活动的一部分。在新时期的发展过程中，集团企业应当开展完善的税收筹划工作，合理应对与解决实际的财务风险问题。从当前的角度来分析，多数集团企业在财务管理上都存在一定的不足，因而无法对目前的各类安全隐患进行直接的防范，从而使其税收筹划水平也处于较低的状态，很难形成良好的发展趋势，继而衍生出各类税收筹划风险。税收筹划的深层次目标应该是实现企业价值的最大化，如果税收筹划方案为降低单一税种或业务的税收，忽略了企业整体利益最大化，不关注筹划过程中其他成本的上升，最终可能导致企业面临财务及经营风险。

（三）经营风险

税收筹划主要建立在对企业未来经济活动的合理预期上，如果企业经营业务发生重大变化，那么税收筹划必然受到重大影响。当今集团企业的税收筹划主要根据国家的税收政策、市场经营策略以及集团企业的实际发展目标采取相应的措施，而这些措施往往会在企业的各项经营活动中直接呈现出来。

（四）人员操作风险

随着经济的快速发展，税收政策也在不断完善与调整，涉及税务管理的条款细则更加复杂，这就大大增加了税收筹划的难度。如果税收筹划人员没有时刻关注税收政策的变化趋势，对会计处理等未及时更新，导致企业税收法规、会计制度适用政策错误，最终会导致税收筹划风险出现。

二、影响集团企业税收筹划的主要风险因素

（一）社会环境

在社会市场经济迅速发展的过程中，随着经济环境的变化，国内的税

收政策也在持续进行调整。对集团企业的发展而言，外部环境的变化不仅会影响其基础的发展策略，还会带来一定的企业经营风险。外部环境变化本身是一个不可控的过程，但企业的税收筹划政策往往会在一定时间内保持静态，即不会发生较大改变。在这样的状况下，社会环境的不断变化将与税收筹划的静态出现矛盾，从而成为主要的影响因素，给集团企业带来严重的税收筹划风险。

（二）经营活动

集团企业税收筹划方案的制定需要以企业当前的经营发展规划为基础。税收筹划的目的在于提升企业纳税工作的计划性，合理有效规避各项税收筹划风险。但在实际的税收筹划工作中，很容易因企业之间严重的竞争行为导致产品经营销售面临一定的变数，从而使企业的项目投资发展和规划发生改变，并带来一定的风险和波动。面对这些问题，集团企业往往需要迅速对税收筹划政策加以调整和改善，但如果集团企业税收筹划方案的调整过于随意，就会增加后期的税收负担，加大税收风险。

（三）筹划成本

集团企业税收筹划工作的开展必然会消耗一定的成本，不仅包括直接成本，还包括一些潜在性成本。在这里，直接成本指的主要是集团企业税收筹划工作开展过程中所耗费的人力、物力以及财力，潜在性成本则是集团企业在制定不同税收筹划方案过程中的抉择成本。从当前集团企业的发展角度考虑，为获得更大的发展空间，企业往往会选择更加迎合自身情况的税收筹划策略，多数时候集团企业节省了直接成本，但并没有得到实际的经济效益，这也使税收筹划成本风险进一步增大。

三、集团企业税收筹划风险的防范措施

（一）树立全局意识，开展整体性的风险防范工作

为迎合新时期的税收政策变化需求，集团企业在开展新的税收筹划工作时，应当树立全局意识，尽可能开展整体性的风险防范工作。在当前的集团企业经营活动中，许多项目都包含了名目众多的税收内容。在这一状况下，集团企业在制定全新税收筹划措施时，需要尽可能考虑所有的税收种类。由于集团企业所涉及的不同税种之间的关联性非常强，对个别税种实施筹划可能会减轻该税种的税负，但从集团企业整体税负的角度来看，可能出现整体税负增加的情况，反而导致集团企业税收筹划失败。税收筹划工作的开展并不完全是为了减少税收压力，还应当关注集团企业的发展与经济效益。只有真正迎合集团企业新时期的发展规划，才能提高集团企业税收筹划工作的科学性与有效性，而不能盲目选择减负最多的方案。此外，集团企业在选择合理的税收筹划方案的过程中，还应当结合自身的发展状况，将经济性放在第一位，确保筹划方案的优势能够充分发挥，尽可能降低基础的实施成本，给企业带来更高的经济效益。

（二）与政府税收部门形成良好的交流与合作

从集团企业的发展角度来分析，其在制定税收筹划方案的过程中，应当尽可能采取针对性的措施。而针对性措施的建立需要有税收机构提供的税收政策与方案，从而在这段时间内迅速解决税收筹划可能面临的各种问题。在制定税收筹划方案的过程中，集团企业的多数税收筹划人员无法完全掌握相关政策。在这一状况下，集团企业应当主动咨询相关的税收部门，从而得到合理的建议。税收筹划是一项专业性很强的工作，即便是

由专业的税务会计负责跟踪，凭借个人力量也可能会产生很多工作上的不足，会存在疏忽或遗漏，无法及时准确地与最新的税收政策及规定相匹配，所以税收筹划人员应与税务咨询机构保持有效的沟通交往，或者定期聘请税务专家进行讲解，降低税收筹划风险。

（三）持续完善和优化风险防范体系

可根据企业的经营业务以及运营规模，依照相关的政策规定建立科学合理的税务团队以及相应的税务岗位。集团公司在发展过程中会遇到很多涉税问题，应该明确岗位责任人员，梳理企业的作业评审流程，在对每一项事务进行处理时，做到事前与事中的税收筹划。集团企业首先可以构建明确的风险评估机制，从而准确了解自身的发展状况，便于明确税收筹划的相关事项，并与税收机关建立良好的交流与合作关系。对于往年的税收风险和审计问题，也应当加以分析和研究，从而有效规避税收风险，使税收筹划更加合理完善。

（四）提升税收筹划人员的专业素质

税收筹划人员的专业素质将对税收筹划形成直接的影响，也会影响后期的风险防控效果。为提高集团企业的税收筹划和风险应对能力，必然需要从以下几个方面出发，逐步改善集团企业的税收规划状态。首先，提高税收筹划人员的税收管理能力。在开展税收筹划和税收管理工作时，税收筹划人员应当严格按照相关要求进行，并及时申报相关税额。其次，集团企业应当提高对税收筹划的关注度，主动展开对税收筹划人员专业素质方面的培训，从而提高他们的税收筹划能力，一旦在税收筹划工作中出现风险，也可以迅速应对。最后，集团企业应当积极开展一些税收筹划会议，邀请专家开展讲座，全面提高税收筹划人员的税收认知，也便于他们清晰了解当前的税收政策，从而有效规避税收风险。鉴于企业的外部环境不断发生变化，税收筹划人员应当保持高度的警惕性，形成明确的风险防范意识，及时发现税收筹划工作中的不足之处，并采取相应的措施加以解决。

第三节　互联网时代企业税收筹划风险与防范

一、互联网时代对企业税收筹划环境的影响

（一）拓展了税收平台功能

在互联网时代下，企业的税收平台得到了优化升级，提升了纳税者的税收申报工作，有效解决了企业部门之间信息孤岛的问题，也要求企业具备较高的处理非财务信息的能力。在税收平台上税务部门、企业之间能实现纳税信息的相互沟通，加速了税收平台与第三方接口涉税信息的统一和共享，能够高效利用公共资源，逐步完善运算系统、信息存储系统等。

（二）增大了预警税务风险的频率

在互联网时代下税收的法治化、标准化的特征日益明显，加快了税务智能化和信息化管理的建设速度，也提升了预警税务风险的频率。在大数据平台上能够通过相关预警指标体系的建立，实时监管纳税者的纳税信息，税务机关能够利用数据平台提升调查金融任务的工作效率水平。

（三）提升了建设智能化的进程

税务机关的信息化和数据化建设，是充分发挥政府职能性作用的保障。然而从税务部门方面来看，互联网时代日益复杂的经济环境，要求税务机关的提升智能化建设水平，互联网时代能够大大带动税务智能化进程的提升。

二、互联网时代税收筹划风险的类型和特征

（一）互联网时代税收筹划风险的类型

1. 操作性风险

进入互联网时代，企业税收筹划工作人员开展税收筹划的工作环境也变得复杂，由于缺乏对新税收筹划工作环境的了解，税收筹划人员在制定税收筹划方案的过程中没有联系实际情况，在实际操作过程中，仍然根据自身的税收筹划经验完成工作，未与互联网的要求联系在一起，加大了企业税收筹划工作的操作风险。

2. 法律风险

在互联网时代，相关法律法规正处在完善和改进的过程中，如果企业未能掌握最新的法律法规要求，仍基于过去的法律法规开展税收筹划工作，在遇到相关税收法律法规出现调整的时候，就会引发新税收制度与税收筹划方案之间存在矛盾的风险，也会让企业受到法律方面的处罚，给企业带来不必要的经济损失和信誉损失。

3. 政治风险

在互联网时代，企业的经营范围已经扩大到国内的各个地区，甚至是

世界上的各个国家，由于不同地区的经营政策是在不断变化的。因此企业在税收筹划之初，制定的税收筹划方案虽然符合当地的政策，但是如果遇到政策调整，税收筹划方案就会出现不合理性，就会加大税收筹划的政治风险。

（二）互联网时代税收筹划风险的特征

1. 可度量性

在互联网时代，企业进行税收筹划风险是具有可度量性的，具体是指企业能够利用先进的网络技术来对税收风险进行事前的分析、确认，通过信息数据来度量各种税收筹划方案带来的税收筹划风险。

2. 复杂性

企业在互联网时代拓宽了经营的范围和经营业务类型，也极大地增加了企业税收筹划的工作难度，提高了税收筹划风险的复杂性。

3. 不可控性

在互联网时代，市场经营环境是在不断变化的，在企业设计税收筹划方案之初，税收筹划方案是可行的。但是随着市场环境和经营情况不断变化，税收筹划方案可能与企业实际情况出现脱节，这就加大了税收筹划风险的不可控性。

三、互联网时代企业税收筹划风险防范存在的问题

（一）缺失先进的信息管理理念

一部分企业管理部门并没有树立先进的信息管理理念，只是通过互联网来对国家有关税务管理规定和条文进行搜索，之后把搜索到的法规、条

文等内容都上传到企业内部的系统中，方便财务部门查阅和参考。由此可以看出这样的信息管理方式并不先进，会加大企业税收筹划的风险，主要会引发如下问题：

（1）企业不能透彻了解国家的税收政策，不能及时地获取国家税收优惠政策，导致企业缴纳过多的税金，加大了企业的纳税负担。

（2）由于企业储备的税务知识有限，在税收筹划工作过程中，容易出现缴纳税金落项、丢项的问题，加大了企业税收筹划的法律风险。

企业缺乏先进的信息管理理念，在互联网时代会加大企业税收筹划的风险，因此需要企业树立端正的税务管理观念，规避不必要的税收筹划风险。

（二）识别风险的能力不强

虽然现阶段一部分企业的管理层有较高的管理专业素质，然而缺乏对税收筹划风险的深入了解，仅从日常报税、纳税方面开展税务工作，并不具备识别潜在税务风险的能力水平。信息技术虽然能大大提升企业财务管理、财务分析、税收筹划工作的效率水平，但是不能完全保证信息的完整性和准确性，这就会影响识别税务风险的能力。很多企业的税收筹划工作是由财务部门负责的，主要是依据财务报表来开展税收筹划工作，会严重影响税收筹划风险的识别能力。

（三）缺乏完善的税收筹划风险预警机制

现阶段我国一部分企业在内部并没有设置完善的税收筹划风险预警机制，其中主要问题体现在以下两个方面：

（1）规章制度设置不完善。一部分企业在税收筹划工作的过程中，并没有制定完善的规章制度，设置风险预警指标不合理，主要依据量化信息来预测税收筹划风险，缺乏对税收筹划风险的定性分析。

（2）组织机构设置不合理。虽然很多企业的经营规模较大，但还是由财务部门负责税收筹划工作，在内部并没有设置税收筹划岗位和税收筹划部门。在日常经营中，企业的财务部门需要处理大量的会计业务，并没有足够的精力来开展税收筹划工作，会严重影响税收筹划工作的顺利开展，也加大了税收筹划的工作风险。

（四）缺乏成本效益原则的考虑

企业可以通过制定科学合理的税收筹划方案，来实现降低税负的筹划目的。然而在互联网时代，企业税收筹划工作的复杂性增加了，税收筹划人员会在制定税收筹划方案的过程中出现偏差。一部分税收筹划人员在制定税收筹划方案的过程中以成本最低为出发点，并没有坚持成本效益的原则。

四、互联网时代防范企业税收筹划风险的策略

从上述情况来看，互联网对企业的税收筹划工作环境带来了较大的影响，也会给企业税收筹划工作带来较大的风险，因此需要从以下策略入手提升企业税收筹划的水平。

（一）树立先进的税收筹划风险防控观念

互联网时代，企业所处的税收筹划环境日益复杂，也增加了税收筹划风险的类型，因此企业管理者要对税收筹划风险类型有全面的了解，以及认识到不同类型风险给企业带来的不利影响，这样才能针对不同类型的风

险采用科学合理的措施来防控税收筹划风险。企业管理者可以通过信息化平台向内部员工宣传税收筹划风险给企业带来的不利影响，员工可以认识到防控税收筹划风险的重要性，积极地参与防控税收筹划风险工作，提高税收筹划风险防控工作的全员参与性。

（二）构建完善的信息沟通机制

企业在运营和生产过程中的任何一个环节都会引发税收筹划风险，因此企业必须整合现有的数据资源，强化部门之间员工的沟通，与税务机关保持良好的沟通协调关系。

（1）对采集数据的途径进行规范，在内部设置专门采集税务数据信息的工作岗位，分类采集各种税务信息数据，判断企业税收筹划面临的税务风险，构建完善的防控税收筹划风险的信息沟通机制。

（2）企业要与税务部门做好沟通交流工作，通过税务部门信息平台及时了解最新的税务政策，全面了解享受税收优惠政策的条件，降低税收筹划的政策风险。

（3）企业内部的各个部门要充分利用信息技术来应用税务相关数据，提高获取税务数据信息的质量，从获取、审核、利用税务数据信息入手，对现有的税务信息进行整合，建立防控税收筹划风险的信息沟通机制。

（三）构建完善的税收筹划风险预警机制

由于在互联网时代，企业所处的市场经济环境是不断变化的，也就是说企业进行税收筹划工作的条件也并不是一成不变的，有效的税收筹划风险预警机制要具备灵活应对不同突发情况的能力。通常情况下企业税收筹划风险预警机制需要具备以下功能。

（1）及时整理收集相关有效信息的功能。在互联网时代引发企业税收筹划风险的主要是由于企业获取信息出现不对称的问题，对相关税收政策和市场情况缺乏深入了解，因此企业在设置税收筹划风险预警机制的过程中，要保证能够对税收筹划信息进行有效的整理和收集。

（2）预知潜在税收风险的功能。税收筹划风险预警机制不仅要具备收集整理信息的功能，还要能够通过分析相关有用信息，对潜在的税收筹划风险进行及时预判。

（3）管理风险的功能。在发生税收筹划风险的时候，企业税收筹划预警机制要能够及时找出产生风险的根源，并制定有效的防控措施，将税收筹划风险降到最小化。

（四）落实成本收益的原则

在互联网时代，企业制定税收筹划方案的过程中，需要从总体层面进行把握，对方案是否能够为企业带来收益进行充分的考量，这样能够有效防控税收筹划方案失败的风险。在税收筹划方案的制定过程中，企业并不能仅关注某个单一税种税负的降低，却导致总体税负的提升，或是为了总体税负的降低，影响了企业的税后利润水平，这样的税收筹划方案是不可取的。因此，企业要从总体上全面分析税收筹划的实际情况，避免税收筹划成本高于筹划后取得的收益，坚持成本收益原则来选择税收筹划目标，这样才能够达到节税的筹划效果。

（五）提升税收筹划人员的素质

互联网改变了企业传统的税收筹划方式，大大提升了税收筹划工作的效率，也对税收筹划工作人员提出了较高的素质要求，因此企业为了更好地防范税收筹划风险，就需要提升税收筹划人员的素质，主要可以从以下几方面入手。

（1）提高税收筹划人员录取门槛。企业管理者要在内部设置专门的防控税收筹划部门，并配备专业的税收筹划人员开展有效的税收筹划工作，并不能简单地由财务部门人员兼职税收筹划工作。企业管理者要提高录取税收筹划人员的门槛，要求税收筹划人员不仅要具备制定合理税收筹划方案的能力，还要能够灵活应用信息化技术来处理相关税务工作，这样可以从源头上提高税收筹划工作人员的素质水平。

（2）重视对税收筹划人员的培训。企业管理者要重视对税收筹划人员的后期继续教育工作，定期聘请专业的税务专家来授课，针对企业税收筹划人员专业上的不足进行业务培训，提高税收筹划人员在税务方面的应对能力和处理能力，在业务培训中加强对信息化的培训强度。

（3）制定科学合理的奖罚制度。企业为了调动税务人员参与业务培训的积极性，要定期对业务培训结果进行考核，并制定科学合理的激励奖罚制度，奖励能够认真完成业务培训的税收筹划人员，采用物质奖励与精神奖励相结合的方式，并对不能认真完成业务培训的税收筹划人员施行一定的处罚，这样能够提高税收筹划人员对业务培训的重视程度，避免业务培训形式化严重的问题出现。

（六）提高税收筹划信息的准确性

在互联网时代，很多企业在税收筹划工作过程中应用了先进的信息技术，为了防范税收筹划风险，就要保证税务系统的安全稳定运行，这也是税收筹划数据标准化、准确性的基础。

（1）在建设税收信息化系统的过程中，要结合企业实际经营情况，选择合理的税务系统，但不能盲目地进行选择，应与软件供应商保持良好的沟通联系，定期对税务系统进行维护，避免由于税务系统瘫痪给税收筹划工作带来风险。

（2）在保障税务数据信息方面，要设置严格的相关数据访问权限，避免税务信息泄露和丢失。

（3）如果税收政策变化较强，就要及时更新税务系统中的数据信息，这样才能灵活应对税收政策的变化，使税务系统信息与最新税收政策相匹配，降低税收筹划方案的政策风险。

第四节　高新技术企业税收筹划的风险与防范

一、高新技术企业税收筹划的必要性

高新技术企业致力于突破原有技术路径，创造新产品，形成新的核心竞争力，抢占未来技术前沿，但是由于企业的外部环境变化难以预测，快速变化的消费者偏好及市场需求加剧了高新技术企业所面临的风险。创新具有典型的高风险、资金大、周期长、不可撤销等特征，高新技术企业作为国家实现创新突破的主力军，其自身的可持续发展水平关乎国家创新质量的高低。因此，为保证高新技术企业高质量发展，帮助高新技术企业减

轻投入大、税负高、利润小等实质性问题，合理、深度、细化研究高新技术企业的税收筹划，充分利用国家提供的税收优惠政策十分必要。

（一）税收筹划有利于减少企业支出，增加研发投入

税率的高低是决定企业税负高低的关键因素，税率越高，企业所承担的税款越多，反之，税率越低，企业的税收成本越小，企业的利润空间也能得到一定程度地提升。税收筹划是指企业通过利用税收优惠政策等方式，帮助企业减少支出、减轻税负，增加企业的流动资金，激发企业创新热情。当企业拥有充足的流动资金时，企业会更加积极主动增加研发投入，打破原有生产路径，创造新产品，形成市场新需求。

（二）税收筹划有利于实现企业经营涉税零风险

税收筹划主要是指纳税人在合法合规的前提下，通过一定的方法预先策划安排企业的经营投资与经济活动，在合理范围内达到“税负最小化”的目的。税收筹划是市场经济发展的必然结果，作为企业财务管理一个不可分割的重要部分，税收筹划具有很高的专业性要求，相关财务和税务人员必须根据税收政策和相关法规合理梳理企业各项生产活动。纳税是每个人和每个集体应尽的义务，企业结合税务知识与自身经营状况进行税收筹划，一方面可以避免偷税漏税行为对国家发展造成的不利影响，另一方面可以达到减轻税负、实现“涉税零风险”的目的，提升企业综合利益。

（三）税收筹划有利于提升企业管理水平

税收筹划作为财务管理不可分割的一环，贯穿于企业整个财务领域。开始税收筹划工作前，相关专业人员需要对企业各项财务数据进行分析梳理，与实际经营情况综合对比，制订一套完备的税收筹划方案。企业财务数据在专业财会人员和税务人员的整理之后变得一目了然，有利于暴露企业日常管理中存在的疏忽及企业财务人员工作中的潜在纰漏。因此，高新技术企业进行合理的税收筹划有利于提升企业管理水平，帮助管理者更加全面地了解公司，及时发现企业潜在的问题，促进高新技术企业的发展，加快高新技术企业的建设。

二、高新技术企业的税收筹划风险

近年来，国际环境不确定不稳定因素增多，经济发展形势动荡不安，多种不确定、不稳定因素都在给企业创新突破和产业转型升级带来挑战，更有可能导致高新技术企业税收筹划陷入各种风险。

（一）政策变动风险

我国税收优惠政策复杂且精细，在国内、国际经济发展的双重不确定性背景下，各类政策和改革措施频繁调整。面对政策的不确定性和复杂性，高新技术企业如果没有充分理解，会导致不恰当使用税收优惠政策，使企业面临政策变动风险的局面。由于高新技术企业具有投入大、产出慢等特性，其对国家政策有高度的依赖性。为了保证高新技术企业的创新活力，提升整体创新质量，国家制定了许多税收优惠政策，开辟了许多减轻税负的渠道，但是在这些优惠政策往往存在一定的限制条件，只有高新技术企业达到要求时，才能享受相关税收优惠政策。而高新技术企业在进行税收筹划的过程中也将面临许多困境与风险，例如：由于未深入理解、掌握税收优惠政策，导致对税收优惠政策利用不充分。因此，税收政策的变动是决定高新技术企业税收筹划工作开展的关键因素，当税收政策变化时，企业的应用不当很可能会对自身造成直接或间接的损失，承担一系列的政策变动风险。

（二）经营风险

税收筹划是专业人员依据现有理论，并与企业实际经营情况相结合，对企业的未来设定一个预期目标。一方面，税收筹划具有事前性特征，在现实生活中，高新技术企业可能会因为经济环境、市场竞争、内部运作等不确定因素干扰，出现企业现实经营情况与税收筹划预期目标不符的情况，最终影响税收筹划预期目标的达成，此时如果实际与预期偏差太大，为避免企业经营风险，需要重新制定税收筹划方案。另一方面，税收筹划具有不确定性特征，如果企业忽略自身实际情况，一味追求税收筹划预期目标，则很有可能导致各类经营风险。

（三）人员素质风险

从管理层角度来说，如果管理者在税收筹划方案制定初期没有给予足够的重视，缺少对企业发展路径的整体统筹规划与安排，很可能造成税收成本不降反增、企业利润减少、流动资金无法支撑企业日常经营的风险；从财务人员角度来说，税收筹划工作的具体开展与企业财务人员息息相关，如果财务人员自身缺少扎实的理论知识和熟练的业务技能，那么税收筹划很难实现预先制定的目标。此外，由于税收优惠政策不断变动，企业财务人员若没有及时更新自身知识储备，也可能出现误用优惠政策等操作风险使企业陷入困境；从专业型人才角度来说，高新技术人才是企业创新的活力源泉，高新技术企业对高素质人才的依赖性更高，这是优势也是风险。当专业型人才自身发展规划与企业发展理念出现背离导致人才流动时，企业可能会出现一些外在风险影响税收筹划工作进程。

三、高新技术企业的税收筹划风险防范

（一）构建风险防范机制和预警系统

税收筹划具有明显的事前性特征，为了保证企业的可持续发展，税收筹划方案的制定必须满足企业发展战略目标。企业内部税收筹划的专业人员要对公司财务数据和企业经营状况进行整体评估，结合宏观经济与市场竞争特点，制定科学的筹划方案。高新技术企业在进行税收筹划的实践中，可以充分利用自身科技引导型企业的特征，对潜在的税收筹划风险构建风险防范机制和预警系统，规避各种类型的筹划风险，并深度剖析导致风险产生的原因。为了实现税收筹划的预期目标，防止税收筹划路径出现偏差，高新技术企业可以依托先进的信息技术，搭建风险预警系统体系，对税收筹划的实施过程进行高效监督。风险预警系统的设定需要包括数据的收集与信息的处理，让企业自身的财务情况更加清晰明了，更加直观地暴露企业潜在风险问题，寻找造成障碍的根本原因，并由预警系统及时发出警告。高新技术企业构建的税务筹划风险预警系统和防范机制，要具备以下四项功能。一是信息收集功能，保证企业相关财务数据更新的及时性。二是预知风险的功能。根据所收集的数据等信息，预判可能引发税务风险的因素，并及时发出警告。三是控制风险的功能。对于已经发生的税务风险，提供最优解决策略。四是评估功能。对税收筹划方案的实施情况展开有效评估。

（二）采用合理的税收筹划方式

面对国家提供的各种各样的税收优惠与扶持政策，高新技术企业应该根据自身实际经营状况选择合适的税收筹划方式、合理的税收筹划路径，使税收优惠空间利用效率最大化。一方面，高新技术企业应充分了解实施减免税的具体要求，降低企业纳税税基，减少纳税成本，缓解资金压力，与此同时也应保证依法纳税，在严格遵守法律法规的前提下，规范税收筹划方案的具体实施，避免优惠政策的错用与滥用。另一方面，高新技术企业需要实时关注国家政策变动，加强与税务机关的沟通和交流，让税务机关对企业的税收筹划方案提出指导性意见，当筹划方案与预期目标实现出现背离时，企业要秉持灵活性原则，对政策的变动积极作出调整，对于企业自身出现的问题科学地处理应对，全面监督税收筹划方案执行过程并对方案执行效果进行评估。

（三）加强管理者对税收筹划的重视并强化风险意识

首先，高新技术企业的管理人员必须强化风险意识，提升对税收筹划的重视程度，在管理者明确税收筹划对企业的重要性之后，一定要结合企业自身实际发展，把握整个行业的发展动态，在增强企业创新活力的同时，有效规避税收筹划相关风险。其次，高新技术企业需要优化资金配置效率，对于资金的管控做到张弛有度，规范财务管理及会计核算的各个步骤，在会计准则的要求之下，做到费用专项核算，有针对地对各环节可能出现的税收筹划风险提供解决策略，时刻保持警惕性。此外，管理者不仅要注重自我税收筹划意识的提升，还要加大宣传力度，促进依法、诚信纳税意识在企业全体成员之间的建立，追求涉税零风险。最后，高新技术企业要完善内部控制制度，健全科学化的治理结构，增强控制税收筹划风险的能力。

第五节　物流企业税收筹划风险与防范

一、物流企业的税负现状

随着我国经济的不断发展，我国的对外贸易业务也在不断地增多，物流企业也如雨后春笋般发展起来。物流企业作为我国的新兴产业，有着巨大的发展空间。我国在不断完善财税制度的过程中，税收政策的更新速度也较快，这就导致我国的物流企业在发展过程中，所面临的税收挑战也在不断增多，潜在的风险也不断涌现出来。为了物流企业的稳步发展，制定合理、科学的税收筹划风险防范措施十分重要。

二、物流企业的税收筹划

随着行业的发展，物流企业逐渐意识到税收筹划对企业发展的重要性，但如何制定合理、全面的税收筹划方案，成为许多物流企业需要面临的难题。税收筹划工作的开展需结合企业的实际情况及国家相关的政策，具体可从以下两个方面开展。

（一）充分了解税收法律法规

物流企业税收筹划的开展是以法律法规为基础，通过投资、筹资及各种经营活动的调整来合理、有效地降低企业的税负。首先，物流企业可合理地调整原材料的购置方案来改变成本。物流企业在经营中，会涉及原材料购置、设备的购置及固定资产的购置问题，在制订采购计划时，物流企业就应当考虑到对零星采购的减少，采购时，应优先选择可开具增值税发票的供应商进行合作。企业还可以将国家出台的税收政策运用到税收筹划工作中，为企业的运营提供更多的资金支持。按照国家税收政策，对企业的资产购置进行合理的调整。如在税收政策中，若每年企业购置的资产数额在一定的范围内，可以享受相关的优惠政策，则控制购置的数额能有效降低企业的税负。其次，物流企业能够通过控制成本的方式开展税收筹划工作。如人力支出方面，对于许多物流企业来说，人力的支出在成本支出所占比例较大，其可以通过与劳务公司合作的方式，减少企业在人力资源方面的支出。

（二）物流企业的税收优惠政策

物流企业在发展过程中，逐渐成为社会发展中重要的组成部分，为了促进物流企业的发展，我国发布了一系列的有关物流企业的税收优惠政策，物流企业可根据政策，对企业的经营活动进行相应的调整，享受政策的优惠。如，在相关的税收优惠政策中，有一条关于“大宗商品仓储实施用地”的要求，物流企业可据此制定关于土地使用的战略规划，以能达到可以享受税收优惠政策的要求，降低税负。对于物流企业中，除非大宗商品仓储用地的其他无法享受税收优惠政策的用地，可以减少该部分土地的占地面积，如办公用地，可以建立多层的办公楼及生活区域等，减少这部分土地的占地面积，避免税负的增加。

三、物流企业税收筹划的风险及防控措施

物流企业在开展税收筹划的过程中，出现的风险主要为业务发展风险、法律风险及工作人员风险这三个方面。业务发展的风险主要是企业在开展业务的过程中，由于地域差异的影响，导致税收政策发生变化，企业的筹划目标难以实现。法律方面的风险主要是指，国家在发展的过程中，也会不断地完善相关的法律法规，这种可变因素导致企业税收筹划工作开展中出现了风险，若企业未及时关注法律法规的变化，则很有可能在开展税收筹划的过程中出现不合法的情况，给企业造成不可估量的损失。工作人员方面的风险主要是指若开展税收筹划的工作人员缺乏专业性，综合素质较低，则可能导致税收筹划的开展出现差错，导致出现风险。为降低税收筹划风险给企业带来的影响，以下是三点关于税收筹划风险防控的相关措施。

（一）物流企业应增强与税务部门的沟通

物流企业应当随时注意国家的法律法规的调整情况，将与税收筹划相关的规定作为开展税收筹划的依据。物流企业应当利用信息化时代的优势，关注当地的税务信息共享平台，注意税务部门发布的最新信息，确保税收筹划工作的开展在法律法规的范围内。由于税收的征管方式具有地域上的差异性，因此企业应加强与税务部门的沟通，以便在开展税收筹划工作的过程中，及时了解当地税收政策的变化情况，才能对税收筹划方案进行及时调整，从而有效规避税收筹划的风险，保证税收筹划工作开展的合法性。

（二）更加精细化地开展税收筹划工作

对于新增的业务，物流企业应当了解与其相关的税法规定，开展具有针对性的税收筹划工作。在制定税收筹划方案时，物流企业应当对不同的经营方式、不同的业务所属的税种及税率等进行相应的了解，更加精细化地设计税收筹划的方案。在开展税收筹划的过程中，物流企业还可以通过了解、借鉴其他企业的经典案例，结合自身的发展情况，将理论应用于实践，使税收筹划工作的效率得到较大的提升。精细化主要体现在目标的制定、税收筹划工作内容的制定、开展方式的制定、如何实施税收筹划方案以及实施后可能对企业造成的影响，物流企业应当扩展自身对税收筹划工作开展的理解，应当明白，税收筹划的开展不仅能够使企业降低税负，还能够服务于企业的其他工作。

（三）加大对税收筹划人员的培训力度

税收筹划工作的开展对人员的要求较高。物流企业应当增大对税收筹划人才的培训力度，定期开展培训活动，提升税收筹划工作人员的专业能力及个人的综合素质。只有税收筹划人员的专业能力及综合素质得到了有效的提升，才能使税收筹划工作的质量得到可靠的保障。

参考文献

[1] 阮家福 . 企业税收筹划 [M]. 北京：首都经济贸易大学出版社，2022.

[2] 俞杰，田彬彬，鲁元平 . 税收筹划 [M]. 大连：东北财经大学出版社，2022.

[3] 黄传伸，陈光作 . 税收筹划一本通 [M]. 北京：民主与建设出版社，2021.

[4] 应小陆，姜雅净 . 税收筹划 [M]. 上海：上海财经大学出版社，2020.

[5] 刘海燕 . 税收筹划 [M]. 重庆：重庆大学出版社，2019.

[6] 高杉 . 税收筹划 [M]. 上海：立信会计出版社，2018.

[7] 沈剑飞，孙金龙 . 纳税筹划理论与实务研究 [M]. 北京：研究出版社，2017.

[8] 陈茂芬 . 最新税收筹划经典案例与深度解析 [M]. 广州：广东经济出版社，2017.

[9] 蔡昌 . 税收筹划：理论、实务与案例 [M]. 北京：中国人民大学出版社，2016.

[10] 翟继光 . 新税法下企业纳税筹划 [M].4 版 . 北京：电子工业出版社，2016.

[11] 贺飞跃 . 全面营改增与纳税筹划十二讲 [M]. 成都：西南财经大学出

版社，2016.

[12] 魏永宏 . 税务会计与纳税筹划 [M]. 北京：机械工业出版社，2016.

[13] 翟继光 . 营业税改增值税政策解析与纳税筹划 [M]. 上海：立信会计出版社，2016.

[14] 查方能 . 纳税筹划 [M].4 版 . 大连：东北财经大学出版社，2015.

[15] 盖地 . 税务会计与纳税筹划 [M].11 版 . 大连：东北财经大学出版社，2015.

[16] 刘蓉 . 税收筹划 [M]. 北京：高等教育出版社，2015.

[17] 蔡昌 . 税收筹划论：理论、前沿与实证研究 [M]. 北京：清华大学出版社，2015.

[18] 伊虹 . 纳税筹划 [M]. 北京：清华大学出版社，2014.

[19] 黄凤羽 . 税收筹划策略、方法与案例 [M].3 版 . 大连：东北财经大学出版社，2014.

[20] 徐芳，张燕 . 最新纳税处理技巧与错弊防范 [M]. 北京：中国经济出版社，2013.

[21] 尹梦霞 . 税收筹划实务 [M]. 成都：西南财经大学出版社，2013.

[22] 赵恒群 . 税务会计与纳税筹划 [M]. 北京：首都经济贸易大学出版社，2013.

[23] 高允斌 . 公司税制与纳税筹划 [M]. 北京：中信出版社，2011.

[24] 陈志勇，薛刚 . 税收筹划理论与实践 [M]. 北京：经济科学出版社，2010.

[25] 庄粉荣 . 纳税筹划实战精选百例 [M].3 版 . 北京：机械工业出版社，

2010.
[26] 梁文涛 . 纳税筹划 [M]. 北京：清华大学出版社，2010.
[27] 宋效中 . 企业纳税筹划 [M]. 北京：机械工业出版社，2008.
[28] 葛惟熹 . 国际税收学 [M].4 版 . 北京：中国财政经济出版社，2007.
[29] 雷建 . 企业纳税避税实务详解与实例分析 [M]. 北京：企业管理出版社，2006.
[30] 梁云凤 . 战略性税收筹划研究 [M]. 北京：中国财政经济出版社，2006.
[31] 李大明 . 税收筹划 [M]. 北京：中国财政经济出版社，2005.
[32] 王国华，张美中 . 纳税筹划理论与实务 [M]. 北京：中国税务出版社，2004.
[33] 黄衍电 . 税收政策与筹划 [M]. 北京：经济科学出版社，2002.
[34] 苏春林 . 纳税筹划 [M]. 北京：北京大学出版社，2002.
[35] 张澜 . 企业税收筹划的风险及控制策略分析 [J]. 质量与市场，2022（23）：139–141.
[36] 赵莉媛 . 企业财务管理中的税收筹划探究 [J]. 中国产经，2022（22）：133–134.
[37] 张大伟 . 企业财务管理中税收筹划的优化策略 [J]. 中国市场，2022（33）：160–162.
[38] 侯晨 . 大数据对企业税收筹划的影响研究 [J]. 西部财会，2022（11）：11–14.
[39] 康巧凤 . 企业税收筹划的应用与思考 [J]. 现代商业，2022（30）：

127–130.

[40] 孙全 . 互联网时代企业税收筹划风险防范措施思考 [J]. 财会学习，2022（25）：132–134.

[41] 练斌 . 探索企业会计核算中税收筹划的开展思路 [J]. 质量与市场，2022（16）：124–126.

[42] 刘洋 . 企业全面税收筹划的实践策略研究 [J]. 财会学习，2022（23）：124–126.